中上育実

はじめに

ひとくちに「エアーブラシ」といっても、それが技法のことを指したり、機材のことを指したりとさまざまですが、その基本的なことをご紹介するのが本書です。
いわゆるハンドピースと呼ばれる機材の構造ごと、また価格ごとの性能の違いはもちろんのこと、自分が造りたい模型に最適なコンプレッサーや実際に塗る際に塗料はどのくらいに薄めればいいか、日常のメンテナンスについてなど、項目別にレクチャーいたします。

これからエアーブラシを買いそろえたいという人にも、もう持っているという人にも、お役立ていただきたい1冊です。

本書は2015年に発売された
『エアブラシ大攻略 2015年改訂版』を改訂したものです

【目次】

第一章 エアーブラシを知る ……………… 05
・ハンドピースの基本構造／エアーブラシシステムの基本構成／ハンドピースの口径／塗料カップのバリエーション／シングルアクションか、ダブルアクションか／エアーブラシ選びのポイント／付随してわすれてはならないモノ／あるとうれしい付属、周辺器具

第二章 エアーブラシを使う ……………… 21
・エアーブラシで塗装する際、塗料はどれくらい薄めるのが適正？／「試し吹き」をマスターして塗料の"薄め具合"を制す／塗料を薄めるためのものとは？／あると便利なものもチェックして／ハンドピースの清掃法を覚える／清掃はこういうところも必要だ／メンテナンスは使用後の習慣に／塗料のツヤをコントロールする／エアーブラシとホコリ対策のこと／エアーブラシで金属色を塗る／塗料の発色に関するはなし／白を塗る、純色を塗る

第三章 エアーブラシで塗る ……………… 39
・エアーブラシを使いこなす／Try！ Lesson Text ／イージーペインターで塗る／ガンダムマーカーエアブラシシステムで塗る／プロペインターの技術を学ぼう　矢竹剛教フィギュア塗装講座／プロのエアーブラシ塗装が見たい！　ガイアノーツ矢澤のエアブラ塾

第四章 エアーブラシ図録 ……………… 63
・エアーブラシ関連器具カタログ：ハンドピース／コンプレッサー／その他

おまけ ……………… 79
分解清掃のポイント（ダブルアクションの場合）

エアーブラシ大攻略

HOW TO USE AN AIRBRUSH

2018改訂版

モデルグラフィックス編集部／編

大日本絵画

First chapter
I know the airbrush

第一章

エアーブラシを知る

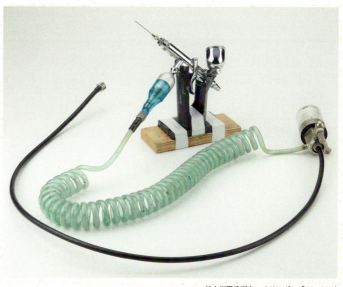

松本州平氏所有　オリンポス「PC-102B」

エアーブラシの基本構造

■ハンドピースの中はどうなっているのだろう？

　エアーブラシ塗装を行なうにあたって、何はなくとも必要なのがハンドピースです。エアーブラシという言葉は技法そのものを呼ぶこともあれば、エアーブラシ技法に必要なシステム全体をさす場合、あるいはまた塗料を吹くために使用する手持ち部分の器具を表す場合もありますが、本書では混乱を避けるためエアーブラシは技法を、使用する手持ち器具はハンドピースと呼び分け、エアーブラシに必要な道具全体はエアーブラシ・システムと表記するようにしました。

　さてそこで、エアーブラシには必須のハンドピースについてまず知っておきましょう。ハンドピースは有り体に言ってしまえば一種の霧吹きです。ただ単なる霧吹きでは、大まかな作業しかできませんから、細密な作業にも適するように改質・発展して今日のようなものとして完成しました。

工業用として大きなものを塗装するために使用するスプレーガンと呼ばれる工具がありますが、エアーブラシ用ハンドピースはそれをもっとデリケートな作業向けにしたものといえます。工業用スプレーガンとエアーブラシ用ハンドピースは、吹き付けに使用するエア（またはガス）の圧力で区別することもあります。

　模型用に販売されているハンドピースは主として絵画などに用いられているものと同等であり、そのようなニーズに対応するよう発展してきました（もともとは必ずしも絵画のツールとして使用されていたわけではありませんが）。ですから、よりタッチを生かした描法に対応でき、繊細な表現が可能なように、直径10mmほどのわずか20cm足らずの金属棒の内部には、かなり精度の高い加工技術で作られた、構造こそ単純ですが"精密"

な部品が詰まっています。したがって、取り扱いはそれなりの注意が必要となります。

　下の構造図は、GSIクレオスの上位機種「PS270 プロコン BOY FWA プラチナ」というハンドピースをモデルにして、内部構造を模式的に表示したものです。PS270はダブルアクションタイプでノズル口径は 0.2mm、模型用としては細密塗装向きの機種です。

　図はあくまでも模式的なものですから、PS270の正確な内部構造を表したものとはいえませんが、模型用に使用されるハンドピースの基本構造を知るうえで役に立つよう掲載してみました。

　なお各部の名称は、基本的にGSIクレオスの説明書に準じ、補足的に編集部で追加しています。他社商品では別呼称となっている場合もありますからその点はあらかじめご承知置きください。

■ダブルアクション・ハンドピースの基本構造と各部名称

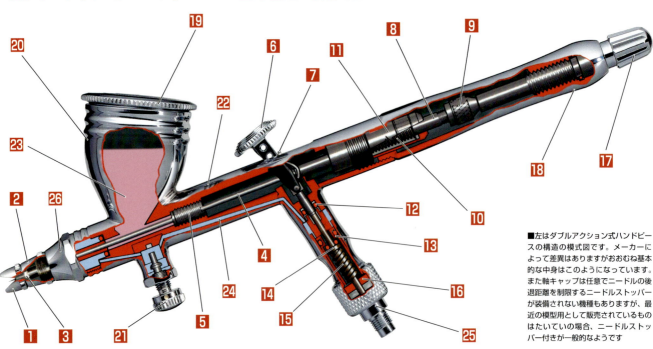

■左はダブルアクション式ハンドピースの構造の模式図です。メーカーによって差異はありますがおおむね基本的な中身はこのようになっています。また軸キャップは任意でニードルの後退距離を制限するニードルストッパーが装備されない機種もありますが、最近の模型用として販売されているものはたいていの場合、ニードルストッパー付きが一般的なようです

1 ニードルキャップ（クラウンタイプ）：
ニードル先端を保護するもの。通常は切れ込みの入っていないものが多いが、細密作業にはクラウンタイプが最適

2 塗料ノズル：
塗料とエアーの混合気の噴出を絞り込み流速を速める

3 ノズルキャップ：
塗料ノズルを保護するもの

4 ニードル：
塗料とエアーの混合気の噴出流量を調節する

5 ニードルパッキン／テフロン付き止ネジ：
塗料がハンドピース本体内部に逆流するのを防ぐ

6 押しボタン：
エアーと塗料の噴出をコントロールする。ダブルアクションの場合、ボタンを押し込むとエアーが出、そのまま後ろに倒すと塗料が噴出する

7 ボタン押し：
押しボタンを開始位置に押し戻すための部品。ニードルスプリングを兼用して動作する

8 ニードルチャック：
ニードルを押しボタンの動きに合わせて動作するように連絡する部品

9 ニードルチャックネジ：
ニードルをニードルチャックに固定するためのネジ

10 ニードルスプリング：
ニードルを復位させるためのバネ

11 ニードルスプリングケース：
ニードルスプリングを内蔵するケースだが、ニードルの前後動を支持する役割を持つ

12 ピストンパッキン：
押しボタンの下端に連結されたピストン部からエアーの漏れがないようにするためのパッキン

13 バルブスリーブ（Oリング付き）：
エアーバルブの動作を支持する

14 バルブ（Oリング付き）：
供給源から送られたエアーの流出、遮断を行なう

15 バルブスプリング：
エアーバルブを遮断位置に復位させる

16 バルブガイドネジ：
バルブユニットを押さえる

17 ニードルストッパー（Oリング付き）：
ニードルの後退距離を制限する

18 軸キャップ：
ニードルチャックとニードル後端を保護する

19 塗料カップふた：
溶剤の揮発や作業中の塗料こぼれを防ぐために使用

20 塗料カップ

21 エアーアジャストネジ：
バルブから送られた空気を一旦気室内に滞留させ、アジャストネジ先端の弁の位置によってノズルに流れるエアーの流量を微調整する。比較的新しく（ここ10年ぐらい）装備された機構だが、最近では普及機種にも多く導入されている

22 ハンドピース本体

23 塗料

24 エアー流路

25 エアーホースジョイント：
例にあげた機種では、本体の接続ネジは1/8であるため、規格の異なるホースに取り付ける場合には、このようなアダプターが必要になる。写真のものは1/8‐PS用エアーホースジョイント

26 ヘッド

エアーブラシシステムの基本構成

■塗料を吹くには何が必要なのだろうか？

エアーブラシ塗装に必要なものは、まずハンドピース、そしてエアーの供給源、この両者をつなぐホース、以上の3点が基本的なものになります。さらに塗装作業の利便性や、よりよい塗装が行なえるようにさまざまな周辺器具が商品化されていますが、上記3点があれば色は塗れるのです。

最近ではハンドピース、コンプレッサーおよび周辺器材をワンセットにしたものも多く発売されていますし、比較的容易に購入可能な価格帯のものもあり、模型用のエアーブラシシステムを販売するメーカーも多数存在しますから、購入環境は充分整っているといえます。

とくにエアーの供給源であるコンプレッサーはハンドピース以上に価格帯の幅が広く、廉価なものから超高級な機種までが揃っており、一昔前のようにコンプレッサーの代替としてエアーボンベを使用するという必然性は小さくなっているかもしれません。

■エアーブラシに必要な最低限の要素は以下の3点

●エアーブラシの本体ハンドピース

塗料を空気の流れによって霧状にし、吹き付ける役割を果たす器具がハンドピースです。模型用として市販されているものの多くは、もともと絵画、美術用に開発されたものの転用、応用ですが、用途によってさまざまなバリエーションが存在しています。左ページの構造図でもわかるように、器具としてはきわめて単純なものなのですが、それぞれの部品の加工精度や耐久性（耐腐食、耐摩耗、耐薬品性）などの違いから、価格に大きな差が生じているようです。

購入する場合、予算（初期投資）をどの当たりに設定するかで条件はさまざまですが、いわゆる模型塗装用の汎用機種としてメーカーや販売店が推奨しているものの中で、（同じ口径のものであれば）上位のものを選べば間違いはありません。逆に、販売店の人がそこまでのものを買う必要はないというアドバイスをくれたならそれに従うのが最上の策といえます

●ハンドピースとコンプレッサーだけでは使えない

エアーの供給源であるコンプレッサー（またはエアーボンベ）とハンドピースをつなぐホースは、写真のような樹脂性のものが一般的ですが、以前はゴム管に布を被覆したものが通常でした。後者のものは本来、模型用で常用するエアー圧よりもはるかに高い領域での作業に使用されていたものの転用であったため、作業の細かな動きに対し抵抗が大きすぎ使いづらいものだったのです。模型用あるいは繊密作業向きなエアー圧では、合成樹脂製のほうがはるかに取り回し性がよく、一般的に流通しているものは（使用するコンプレッサーの性能にも左右されるが）たいていが樹脂製となっています。

形状はストレートとコイル状のスパイラルがあるが、これらは使用環境によって選びましょう。なお、ホースとハンドピース等メーカーによってジョイント金具の規格が異なる場合があるので注意が必要です

●エアーを供給する源がないとハンドピースは使えない

コンプレッサー単体で10万円近い価格だった時代は過去のこと（もちろん現在でも高級機種では高価なものはいくらでもあるのですが）になりました。昔は心臓部であるモーターの持続耐久性、小型化、作動時の静粛性、空気供給の不連続（いわゆるパルス）の緩和といった繊密作業向けニーズに応えるシステムが低価格で提供できないということが高価格の原因でした。

現在ではエアー吐出のメカニズムやモーターの性能向上、特定の用途に対応しうる出力に限定したコンプレッサーの商品化などによって、個人的に模型を製作するような頻度であればおよそ一生もの、半恒久的に（連続使用という意味ではなくて）使用できる小型の高性能コンプレッサーが容易に、しかも安価で購入できるようになりました。

なにが最適か？　という点についてはやはり、使用環境と使用頻度が基準になります

●もうひとつのエアー供給源、エアーボンベは模型製作に必要なのだろうか？

コンプレッサーがとてつもなく高価で、ものすごく重く持ち運びなどおいそれとできなかった時代、手軽なエアー供給源として多用されたのがボンベでした。当時は「フロン（クロロフルハロカーボン）」に対する規制はなく、不燃性の便利なガスとして広く使われ、エアーブラシ作業の必需品でもありました。しかし、CFCがオゾン層を破壊する原因物質であると特定されて以来、使用には厳密な規制が設けられるようになっています。この結果、缶スプレーにも使用されていた「フロン」ガスは使われなくなり、代替ガスとしてDME（ジメチルエーテル）が用いられるようになりました。エアーブラシ用のボンベも主としてDMEに転換し、それは現在もかわっていません。環境への影響が少ない「フロン」を使用したエアーボンベもありますが、高価でかつ"温室効果ガス"であることにかわりはないのです。DMEについては可燃性であるため、使用時には火気に充分な注意が必要です。

また、これは「フロン」のときからそうでしたが、液体でボンベ内に圧縮保存されている物質が噴出に際して、気化するために周囲の熱を奪い、連続使用によって噴出ガスの圧力が低下するという現象が起きます。缶スプレーでも同様ですが、このエアー圧の不安定は、エアーブラシ作業には大きな弊害となっていました。過去、高価なためコンプレッサー購入になかなか踏み切れなかった時代は、それでも複数のボンベを交互に付け替え付け替えしながら塗装したものです。

たしかに、ポータブルで軽量という利便性のあるエアーボンベは、完全になくなると困るアイテムではありますが、模型製作という観点からすると、数万円のコンプレッサーが購入でき、バッテリーで作動するポータブルタイプまで商品として存在する現在は、あえてボンベを使用する必然性はないかもしれません。コンプレッサーの連続使用性能になれてしまうと、ボンベを用いること自体が非常に技術を要するものとなっていることも事実なのです

エアーブラシ大攻略　07

ハンドピースの口径

■「口径」はなにを基準に選べばいいのか？

●プラモデル製作用なら汎用性の高い口径0.3mmがスタンダード

エアーブラシ用ハンドピースは、ノズルとニードルの隙間からエアの圧力で塗料を霧状にして吹き出す仕組みになっていますが（ニードルがない吸い上げボトル式エアーブラシについては後述）、用途によっていろいろなノズルの口径のものがあります。市販されている模型／絵画／ネイルアート用の小型ハンドピースは0.1mm〜0.5mm径のものがほとんどですが、それらにはどのような違いがあるのでしょうか。

一般的にノズルの口径が大きいものは、たくさんの塗料をいっぺんに吹き出すことができるので広い面積の塗装に向き、逆に口径が小さいものはより細吹きに適しています。

0.2mm以下の口径のハンドピースは、細吹きやグラデーション塗装などの表現に優れ、噴出する塗料の量の繊細なコントロールが可能。あまり広い範囲の塗装には向きませんが、30cm大の模型の塗装であれば実用上不便ということはほとんどないでしょう。器具としての精度が高く、繊細な塗装を求める上級者向きモデルが多いので、値段の張るモデルがほとんどです。

0.5mm以上の口径のものは、1/32のジェット機モデルのような大型模型を塗装するときには重宝します。また、口径が大きいモデルはより濃度の高い塗料を吹き付けることもできるので、「カーモデルでツヤを出して塗装したいが、塗料がタレる」というようなときに使うと、濃いめの塗料でタレずに一気に塗装することができたりもします。広範囲を塗るときの便を考えてトリガータイプのものが多いのも特徴です。

初心者の方は、まずは0.3mm径のものを選ぶと無難でしょう。30cm大くらいまでの模型を均一な塗面に塗装するのであれば、それ1本でまったく問題はありません。グラデーション塗装など、さらに繊細なテクニックを求めるなら他の口径のモデルを検討するとよいでしょう。

ここの穴の内径を「口径」といいます

●ニードルを後退させることで塗料を噴霧する

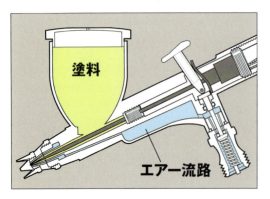

◀流水にヒモなどを近づけると流水によって生まれた負圧によりヒモが吸い付けられるが、それと同じ原理で塗料を吹き出しているのがエアーブラシ。エアーをせまいノズルから吹き出すことで強い負圧を発生し、それによって塗料を吹き出している。キャップ先端をふさいだり、ノズルキャップをゆるめると負圧が発生しなくなり、エアが塗料カップ側に流れることで、いわゆる「うがい」ができるような構造になっている

◀ニードル式のハンドピースはノズルキャップをはずすと、塗料ノズルとニードルが露出する。この部分はエアーブラシの心臓部とも言えるところなので、掃除などをする際は、ぶつけて形状を崩したりすることのないよう気を付けたい。また、ノズルキャップを戻すときにはニードルを曲げないように要注意だ。ほとんどのエアーブラシはメンテナンス用にノズル部分をネジって外すことが可能だが、なかにはノズルを交換できるようになっていて、1本でいくつかの口径を使い分けることができるモデルもある

●「王冠型」のニードルキャップはなんのためにある？

▲王冠型ニードルキャップ

▲標準型ニードルキャップ

エアーブラシは、塗装面にあまり近づけると塗装面に当たったエアーが吹き返して塗料のミストが乱流でうまく飛ばなくなります。また、円筒状のニードルキャップのハンドピースを塗装面にあまり近づけすぎると、ベンチュリー効果の負圧でノズルが塗装面に吸い付くこともあるのです。そこで、近接塗装時にエアーを横に逃がす目的で採用されているのが先割れの「王冠型」キャップ。メーカーによっては、ニードルキャップの側面に穴をあけている仕様のものもあります。

ニードルキャップはニードル先端を保護する目的もありますが、塗料のミストが一定範囲にきれいに集まるようについているものです。したがってキャップの変形は塗装に悪影響をもたらします。王冠型、穴あきキャップは洗浄時のいわゆる「うがい」がしづらくなりますが、その場合はペーパータオルなどで先端を包むように押さえたり、標準型ニードルキャップに替えて洗うと良いでしょう。

●ハンドピースの口径によって用途も違う

0.2mm以下	細吹きによる迷彩塗装やグラデーション塗装で威力を発揮
0.3mm	模型一般に向くオールラウンダー 細吹きはやや苦手か？
0.5mm以上	大型模型の塗装や濃いめの塗料でのツヤ出しが得意

▲上の表はごく大雑把に口径と対応する模型の用途を表したもの。一般に0.3mmは模型塗装用としてもっとも汎用性の高い口径として推奨されている。実際問題として、物理的な限界はあってもエアー圧の調整とボタンのコントロール（ニードルの後退距離の制限）、塗料の薄め方を上手に調整すれば、かなり細い線や斑点なども表現可能だし、それなりの面積がある部分に対しても対応できる。

口径による適正は、ニードルの後退距離が大きいほどノズルの開放断面積は大きくなり、その結果として噴霧される塗料の量は増えるが、ノズルの口径が小さいと噴霧される塗料はあらかじめ限定されるため、口径のちいさいものほど、一度に出る塗料は少ないことが影響する。ただ、適正なエアー圧で利用しない限り0.2mm本来の性能を発揮させることはできないし、大口径の場合も同様であることは注意しよう

塗料カップのバリエーション

■「カップ」の違いは塗装に影響するのだろうか？

ハンドピースを外観的に特徴付けるものとして、カップの形状とその取り付け方式があります。いずれも用途に応じて考えられたもので、さまざまな使用状況に対応すべく工夫されたものといえます。模型製作に使用することを考えた場合、ハンドピース1本で汎用することが多くなるのですが、それでも要求する条件で、どの形状のカップが良いかということは、おのずと変わってきます。

広い面積に対する塗装もフォローできれば……と考えた場合は、必要に応じてカップの容量が変更できる上方脱着式が良いでしょう。また使用後の清掃など、メンテナンスがいちばんやりやすいのはイモ付け式です。

GSIクレオスの懸垂（吸い上げ）式はメンテナンスがいささか面倒なものの、同社が発売している溶剤系アクリル樹脂塗料のボトルがそのまま、ハンドピースのボトルとして共用できるというところが魅力のひとつでしたが、現在は販売を終了しています。

模型用として発売されているハンドピースでは横付け方式はあまり見かけなくなりました。これは脱着が手間なのと、注意を怠ると接合部からの塗料漏れが起きるなどのワナがあります。しかし、塗装作業の条件によってボトルの角度を任意で固定できるという長所もあるのです。

いずれにしても、ボトルというのは口径に比べて付随的な条件になりますから、ハンドピース選びでは重要度が低くなりかねませんが、自分の作る中心となる模型のジャンルも考え合わせて選択条件のなかに組み入れておいたほうが後々良いと思われます。

●横付け方式（着脱式）

▲この方式はかつてオリンポス系のハンドピースで模型用に転用されたものに多く採用されていた。容量の異なるカップを付け替えることが可能で、水性の塗料（絵の具）を用いる場合は洗浄が比較的容易。また作業の状況に応じて、ハンドピース本体に対しカップの角度が任意に選択できるため、絵画用としては広く普及している方式。ただ塗料がカップ内で固まってしまうとクランクになった部分の洗浄、清掃が面倒

●上方イモ付け式

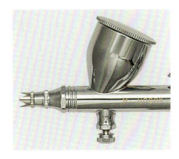

▲現行の模型用ハンドピースで標準的な仕様となっているものがこれ。もともとは水平面へのペインティングを前提にデザインされ、ハンドピース先端を45度ぐらいの角度で下に向けて作業するように作られていた（下写真）。したがって作業時の手の動きに制限が加わり、多用途性に欠けるため改良され、現在のようなモデルに落ち着いたようだ。この方式はカップ内の清掃洗浄がもっとも容易である

●上方着脱式

▲容量の異なるカップに付け替え可能で使用塗料の分量に応じた対応ができる。トリガー方式のハンドピースに多く採用されている。写真はタミヤのものだが同社製品は乳白半透明のポリ製カップ（下写真）との互換性もあり、内容確認しながらの作業も可能。メンテナンスは比較的容易だ

●吸い上げ式

▲塗料ボトルをカップの代わりに装着することができ、濃度調整した塗料をボトルに入れておけばそのまま使用できるというのが最大の利点。ただ洗浄、清掃の手間はカップ式のものより増える。（GSIクレオスの吸い上げ式エアーブラシはすべて販売終了）

▲GSIクレオスの吸い上げ式（PS296 Mr.エアブラシ GMW4）。（販売終了品）

●同じ口径なのにとても高価なハンドピースとぐっと安価なハンドピースでは性能的にいったい何が違うというの？

▲アネスト岩田製エアーブラシのフラッグシップモデル、CM-CP2（オープン価格）。先代のCM-CPは数多くの有名モデラーに使用された名機だったが、さらに霧化空気経路を見直し、塗料の微粒子化を向上させたCM-CP2へと生まれ変わった。オシボタンの形状変更等、こまやかな改良が施されてより扱いやすく、驚くほどなめらかな吹き心地を体感できる機種となっている

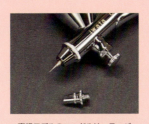

▲高級モデルのニードルは、テーパーが一様ではなく、先端側に向かうにつれ絞り込むように加工されている。これは塗料を吹き出す隙間を、はじめは急に広がり、やがて緩やかに広がるようにすることで、吹きはじめがスムーズになるように調整されているのだ。この加工精度が価格に反映されている

ハンドピースは同じ口径でも高価なものから安価なものまでいろいろと市販されていますが、価格によって大きく変わるのがノズルとニードルなど、内部部品と構造の精度です。

安価なモデルでも一見塗料はきれいに吹き出しているように見えますが、よく観察してみると塗料のミストがきれいな円錐台状に吹き出されず微妙に斜め方向に吹き出していたり、均一な粒のミストにならず、大きめの飛沫が噴き出してそれが塗装面にボツボツを作ってしまうことがあります。高価なモデルでは同モデル間での当たり外れも少なく、安定して均一な塗装面、きれいなボケ足に塗れます。

エアーブラシ大攻略 09

シングルアクションか

■シングルアクションとダブルアクションではどこがどう違っているのだろうか？

ハンドピースの選択で、口径の次に迷うのが「シングルアクション」と「ダブルアクション」の違いでしょう。模型製作で使われているようなハンドピースは、もともと写真修整や絵画用のものでした。筆で描くのと同様に使えるよう、描線を自由に太さやタッチの変えられるダブルアクション機構ができあがりましたが、プラモデルを製作するとなるとちょっと事情が変わってきます。

プラモデル製作では、迷彩塗装やグラデーション塗装を除くと、均一な塗膜面を得るためにエアーブラシを使う場合がほとんどなのではないでしょうか？ 均一に塗ることが本意の基本塗装では、塗りながら描線の太さを変える必要はありません。また、実際のところ、迷彩塗装やグラデーション塗装でも吹きながら描線の太さを変えなければならない場面にはあまり遭遇しません。ダブルアクションモデルを使っているモデラーの方も、普段はつまみ（ニードルストッパー）で調整した引き代いっぱいで塗っていて、吹きながらこまかな塗料量の調整をしないことが多いのではないでしょうか。

ダブルアクションは機構が比較的複雑になるため価格も相応に上がりますので、不必要と思われる機構を廃して作られたといえるシングルアクションのほうが一般的に安価です。また、ダブルアクションには塗装中にボタンを引き続ける必要があるので、長時間の塗装では指が疲れやすいというデメリットもありますが、シングルアクションはボタンが押さえやすいので、プラモデルの基本塗装のような長時間の塗装に向くと言えます。

こう書くと、安くて疲れにくいシングルアクションがすばらしいように思えますが、シングルアクションには大きな構造上の弱点があります。それは、塗装をしていないときはニードルをノズル閉位置まで戻しておかないと塗料がたれるというところ。ちょっとしたことですが、これはけっこうなストレス。ここでは、総合的な使い勝手でダブルアクションをオススメしておきます。

●シングルアクション

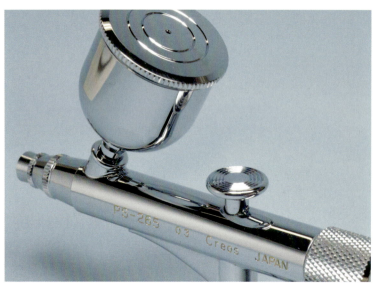

▲写真はGSIクレオス PS265 プロコンBOY SAe 口径0.3mm シングルアクションタイプ
内部構造はシンプルで、価格も控えめ。広い面積を均一に塗装する場合などにおすすめ

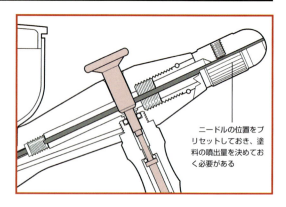

ニードルの位置をプリセットしておき、塗料の噴出量を決めておく必要がある

ボタンが1方向のみに動き、ボタンの操作ではエアーのみをコントロールするのがシングルアクション。

ほとんどのモデルではニードルは独立して操作するようになっていて、基本的には塗りながら塗料の噴霧量を調整することはできないようになっています（エアーブラシを持った手と逆の手でつまみを操作すれば出来ないこともないが、あまり実用的ではない）。構造は比較的簡略です。

▲ボタンを押すとエアとともに定量の塗料が吹き出す仕組み。細吹き自体はできるが、こまかいボケ足のコントロールはほぼできない

▲シングルアクションのいちばんのデメリットは、作業を中断するたびにニードルを戻しておかないと塗料がたれてくること……

ダブルアクションか

●ダブルアクション

▲写真はGSIクレオス　PS270　プロコンBOY　FWAプラチナ　口径0.2㎜ダブルアクションタイプ
押しボタンの後方に切れ込みがあるが、これがダブルアクションの外観上の違い

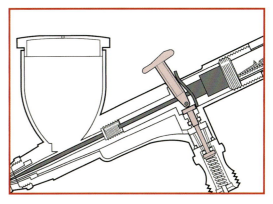

　ボタンを押すことでエアーを、うしろに引くことでニードルの後退距離＝塗料の噴霧量を調整できるのがダブルアクション。指1本で同時にコントロールできるのが最大のメリットで、慣れてくると吹き付けながら太さを変えることができます。
　ほとんどのモデルには、ニードルの最大引き幅を任意に制限出来るつまみがついていますので、自分で調整した塗料噴出量の範囲内で自由度の高い吹きつけ作業ができるのが特長。

▲押し具合と引き具合を無段階に組み合わせることができるダブルアクション。ただボタンの押し込みについては、途中位置で維持することは難しい。なんにしてもなれるまでは指がちょっと疲れるかも……

▲ニードルの引き代（後退距離＝塗料の噴出量）はおしりのつまみ（ニードルストッパー）で調整する。あらかじめ調整した範囲のなかなら、塗装中に塗料の量を自由に変えることができる

●じつはニードル式のトリガータイプも内部構造的にはダブルアクションなのだ

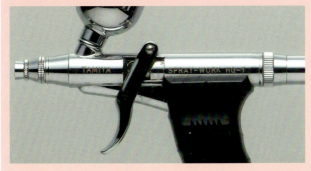

▲操作はトリガー（引き金）を引きしぼるだけなので、アクションとしてはシングルなのだが、機構的にはトリガーの動きにニードルが連動し塗料の噴出量が調整されるのがトリガー式。エアーの流量は自動的に最適の状態で放出されるようになっている

▲徐々にボタンを引きながら塗っていくとこのように太さを変えていくことができる。指先を訓練すれば思いのままに描けるのだ

エアーブラシ大攻略　11

エアーブラシ選びのポイント

■自分に最適なハンドピースを選ぶときのポイント

■ボタンとトリガー、いったいどちらがいい？

ハンドピースの作動部は、大きく分けてボタン式のものとトリガー式のものがあるのは前に見たとおりです。トリガー式の良いところは、トリガー部を握るようにして使えるので手が疲れにくく長時間の操作がしやすいことでしょう。広い面積を塗ることが想定される大口径のエアーブラシで多くトリガー式が採用されているのは、塗料を出したままの状態を長時間維持しなければならず、押しボタン式では指の疲労が激しいため、扱いやすさを優先しての仕様と言えます。

しかし、トリガー式でもなれれば引き込み具合によってある程度の線幅のコントロールも不可能ではありません。トリガーの引き込みストロークはニードルストッパーで任意に制限できる点はダブルアクションと同様です。

模型製作に使用する場合は、ボタンかトリガーかは自身がどういうものを作るかにもかかわってきますし、最終的に好みになりますので、どちらが優れているかという判断は出来ません。ビギナーとして最初の1本という場合は、ダブルアクションの押しボタン式が順当な選択でしょう。

▲ダブルアクションの押しボタン式はこれまでも説明してきたように、入門用の基本機種であるとともに、長く使用できる定番と考えていい。ボタンのコントロールはコツうんぬんというよりも、ただひたすら慣れであり、手に馴染ませるというよりも手が慣れるまで使い込むことが大事。客観的にみれば、まず購入するなら押しボタン式ダブルアクション、サブアイテムとしてトリガー式ということになるだろう

▲トリガー式は一見シングルアクションに見えるが、ひとつのトリガーでエアーバルブとニードルを同時に動かしているだけで、ダブルアクションの一種。トリガーを戻すとニードルが戻るようになっており、吹いていないときに先端から塗料漏れなどは起きない。エアーと塗料の量は連動して変化するためボタン式ダブルアクションほどの高い自由度はないが、均一な塗面を得るためのエアーブラシ作業では押しボタン式との差はでない

■ニードルレスの吸い上げボトル式はどうなんだろう？

▲GSIクレオスのニードルレス吸い上げ式ハンドピースのプロスプレー。見た目に吹き出しの理屈が理解しやすいが、吹き出しの調整には多少慣れが必要。入門用といわれるが、プロでも愛用者は多い。Mr.カラーなどのボトルをそのまま付けられる

安いものだと2000円（実勢価格）くらいで入手できてしまう、ニードルレスな吸い上げボトル式のハンドピース。エアの負圧で下側に取り付けられたボトル内の塗料を吸い上げエアーの勢いで前に吹き出す方式は、いわばハンドピースの原初的な形態そのもののものです。ニードルがないことで構造が簡略化でき、価格もニードル式のエアーブラシよりは格段に安くなっています。

ニードル式との使い勝手の差がいちばん出るのは塗料のうすめ具合。ニードル式は塗料が多少濃かったりうすかったりしてもエアー圧を上げていけば吹き出すことができますが、吸い上げボトル式はエア圧とうすめ具合が適正でないと吹きつけができず、その面でややシビアと言えるでしょう。適正にうすめられれば、均一な塗面を塗るのはそう難しくありません。

いわゆる霧吹きという名称で昔から存在した器具で、伝統工芸の世界では口で後方から空気を吹き込んで使用する竹製のものと、吹き付けの理屈は同じわけです。それを現代風な工業製品としてこのような形状、材質で置き換えたと考えればいいでしょう。

現在では、模型用ハンドピースに要求される性能が高いこともあり、決して一般的なものとは言えなくなってしまいましたが、このようなものもあるということで参考までに紹介しました。

■ニードル有りの吸い上げボトル式はどうなんだろうか？

▲かつて発売されていたGSIクレオスの吸い上げ式ハンドピース。口径0.3mmダブルアクション。現在絶版

▲岩田のHPプラス HP-BC1P（オープン価格）も口径0.3mm。20mlの専用ボトルが付属する

GSIクレオスからは、上掲のニードルレスとは別に、吸い上げ式のハンドピースが商品化されていました。このタイプは口径0.3mmのダブルアクションのモデルをベースにしており、最大のポイントはMr.カラーなどの塗料ビンを直接付けられることで、調色や濃度調整を済ませてある塗料を順次使用することが可能なほか大面積を塗装する場合にも便利であり、使いなれると捨てがたい逸品でした（すべて絶版）。現在もアネスト岩田、エアテックスなどから吸い上げ式タイプが発売されていますが、それぞれ専用のボトルとなっているため、別途ボトルを購入して数を揃えておくと良いでしょう。

■ハンドピース単体だけでなく付属器材も重要だ

■最近、上位機種に標準化されつつある機構って？

エアアップシステム
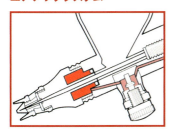
▲低圧から高圧まで安定した吹きつけができるようにエアーブラシ内に小さな気室を設けている（いわば極小型の内蔵タンクなのだ）

エアアジャストシステム

▲レギュレータがなくとも手元で風量を変えられるエアアジャストシステム。最近は搭載モデルが増えている

セミイージーソフトボタン

▲ボタン部の形状を工夫することで、ニードルの後退具合を微調整し、押しはじめからスムーズに塗料を吹き出せる機構も搭載。また、ボタンとピストンを連結することでメンテナンスも楽になった

エアアジャストシステムは、エアーバルブから流入して一定の圧力でノズルに向かうエアー流路の途中に"堰"を設けて、ノズルへのエアー流量を微調整するシステムです。精密加工と部品数が増えるため、必然的に上位機種の装備ということになりますが、最近では普及型としてメーカーが推奨しているものに標準化されるようになってきています。使い慣れると便利な機構ですが、調整の度合いについては、各自が感覚的につかむ必要があります。

■エアホースはどんなものがオススメなのか？

▲コイル状の"スパイラル"タイプは伸縮自在で余ったホースが邪魔にならず、エアーの脈動を減衰する効果がある。ウェーブ製のホースは透明なので、水滴の発生に気付けて安心便利

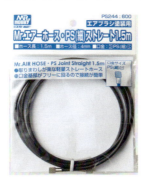
▲標準的な"ストレート"タイプは軽量軟質なので取り回しが楽。口金が回るものが便利。経年劣化の可能性があるので消耗品と考えたほうがいい

▲ハンドピースに付属している細めの合成樹脂製ホースは、日光やうすめ液に弱いのが難。長い間使っていると経年劣化で亀裂が入りやすい

▲外皮が編み込まれたタイプものはしなりもよく経年変化にも強い。しかし長めのものにすると取り回しの邪魔になるのが難点

▲複数のハンドピースを使うようになった場合など、作業途中にハンドピースを取り替えたい、という贅沢な悩みを持っている人へおすすめなのがワンタッチ式ジョイント付きホース

　当たり前ですが、ハンドピースはそれ単体では使えません。コンプレッサー（またはエアーボンベ）からホースでエアーを送り込んで初めて塗料を吹き出すことができるわけで、エアホースは地味ですがなくてはならない必需品です（エアーボンベに直接取り付けることは可能ですが、かさばるので作業性がとても悪くなります）。

　そこでどのようなホースを選ぶかのポイントなのですが、最近では軟質の合成樹脂製が主流ですから、基本的にこれを使用するのが良いでしょう。ただ、出力の大きいコンプレッサーを持っている（あるいは購入する）場合には、エアー圧との兼ね合いがありますから、コンプレッサーの機種に対応するホースを使う必要が生じます。

　合成樹脂製のホースはストレートなものとコイルスプリング状に巻いたものがありますが、これは作業環境によって、選択肢が変わります。作業台の上にコンプレッサーを据えるような場合には、ストレートでも良いでしょう。しかし、コンプレッサーは床、作業台は通常のデスクぐらいの高さがある場合には"スパイラル"のほうが取り回しが楽でしょう。

　このほか意外とストレスになるのがホースの付け外し。金具部分が独立して回転しないタイプのものだと、エアーブラシをクルクル回さないと付け外しできず、油断するとホースがねじれてイライラすることに……（なお、付け外しの便を良くするためにワンタッチ方式を採用したホースもあります。べつに複数のハンドピースを使っていなくても便利なのでチェックしてみましょう）。

■ハンドピースとホースのジョイントに注意！

▲左から1/4（L）、1/8（S）、PS（細）のメス（凹）側金具。模型用のエアーブラシ、コンプレッサーおよび周辺器具はほとんどこの3つのうちどれかの規格を採用している

▲変換金具は各種販売されている。写真はGSIクレオスの「ホース用Mr.ジョイント（3点セット）」で、同社が発売しているハンドピースやコンプレッサーなどを、他社商品でも対応可能なように互換用のオプションとして商品化したもの。たいていの場合はこの3種および「1/4L凹→1/8（S）凸」変換金具があればこと足りる。なお同社間の商品では変換が必要な場合はあらかじめ部品はセットされている

　ハンドピースとコンプレッサーをつなぐエアホースや、レギュレーター／水抜きの接合部ネジには大まかに3つの規格があります。規格が合わないとせっかく買ってきてもつなぐことができないので、購入時はそれぞれの金具がどれなのかよく確認しておくと無駄がありません。

　でもコンプレッサーやレギュレーター／水抜きの金具と使いたいホースの金具が合わないときには変換金具の出番。いろいろな組み合わせのものが市販されていますので、径の規格とオス／メス（凹凸）の組み合わせに注意して必要なものを選ぶようにしましょう。

エアーブラシ選びのポイント

■便利な付属パーツは塗装の可能性を広げる

■塗料カップの容量ってどうなのだろうか?

一般的な模型用ハンドピースは、塗料カップの容量がおよそ10ccていどのものがほとんどです。しかし30cm大くらいの模型を製作するのであれば、これで不都合を感じることはないでしょう。

小さめのカップのハンドピースを使っていても、あらかじめ紙コップなどで塗料を作っておき、継ぎ足しながら塗れば、色むらができたりせず塗れます。

大型の模型も作る可能性があるという場合は、塗料カップの交換ができるものを購入するほうがいいでしょう。ただカップ自体が大きすぎるとトップヘビーになって作業がしにくくなる可能性もありますからハンドピースの形状によっては注意が必要です。

▲塗料カップが付け外しできるハンドピースには、交換用大容量カップも販売されているので活用しよう

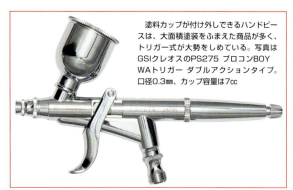

塗料カップが付け外しできるハンドピースは、大面積塗装をふまえた商品が多く、トリガー式が大勢をしめている。写真はGSIクレオスのPS275 プロコンBOY WAトリガー ダブルアクションタイプ。口径0.3mm、カップ容量は7cc

■持ちやすさ向上、ハンドタイプの水・ホコリフィルター

塗装用のコンプレッサーは、周囲の空気を吸い込んで、機械的に圧縮し、これを一定の圧力で持続的に送り出すことのできるものです。そのため、取り込んだ空気中に含まれる水分や微細なホコリは、塗装の大きな障害になります。もちろん、塗装用のコンプレッサーはこれら水分やホコリを除去する装置をあらかじめシステムの中に組み込んでいます。それが後述するドレンやフィルターですが、ここで紹介するのは、それらを通したあとさらに最後の"関門"として機能するように設計された付属部品。湿気の多い季節では、充分に取り切れなかった水分だけでなく、ホース内壁に結露することがまれにあるのです。それらは吹き始めに飛び出すことがありますが、この器具はそれらをすべてカットしてくれます。また、ハンドピース保持部分のエクステンダーとしても機能しますから、あれば重宝するアイテムでしょう。

▲エアーブラシで塗装しているとすごく指が疲れる、という方はGSIクレオスのドレン&ダストキャッチャー(右)を連結してみるのもオススメ。本来の機能は水抜き用のドレンパーツなのだが、エアーブラシ下部に取り付けるため手のひらで保持できるようになる

■ハンドピースを購入するならコレも……

ハンドピースはその形を見てもわかるけど、自立しないものがほとんど。ましてコンプレッサーと連結してホースが付いた状態だと、絶対に立つわけがないですね。でも作業中にちょっとエアーブラシを置きたいとなると、このようなスタンドは必要なのです。意外と見逃しがちだけど必需品。ハンドピースが机の上に横倒しなって「塗料がこぼれて大惨事!」なんてことを防止するためにも必携です。

右の写真は、ウェーブのエアブラシハンガーHGという商品。ハンドピースが4本も掛けられるというもので中央のホルダー部分は360度回転可能、左右にある黒い筒状の部分にはハンドピース先端を収めてひっかけておく構造。ハンドピースを多数使い分けるプロユースな仕様。作業台に固定できるようにクランプも付属。

ここまでは必要ないかもしれないが、ハンガー類はなにかしら用意しておくほうがいい。また、ホースの張力や弾性の影響があるので、ホルダーはしっかり作業台に固定できる形式のものが好ましい

■高級機種と廉価モデルの違いも知っておこう
■口径0.18㎜、GSIクレオスのフラッグシップモデルを考察

PS770「Mr.エアブラシ カスタム 0.18」 価格／3万円（税別）
付属品：1/8（S）→PS（細）用変換ジョイント、PS（細）金口ホース1m、エア缶用バルブ、ノズルレンチ

ハンドピースを持ったときのバランスはよく、全体に軽量化も図られているようだが、軽すぎるということはない。マットな表面は、作業時に周囲の灯りが映り込んでも反射がやわらかく、また手の触感もいい

● カップは洗浄しやすい直付けタイプ（容量10cc）
● ニードル位置調整つまみ（ニードルストッパー）には目盛りが振られ、ニードル位置／塗料の噴出量を数値で確認できる
● スケルトン式ホルダーキャップがデザイン上の特徴。ニードルチャックネジの操作がそのまま行なえる。ニードルを外すときは、ニードルストッパーを外して引き抜くようになっている
● ツヤ消しメッキでシック。指紋が付きにくく汚れが目立たないばどの効果がある

ハンドピースは、大切に使えばとても長持ちする道具。いったん手にすると模型製作での使用頻度は高く、直接手に持って操作するものだけに、単に「塗れればいい」というのではなく、操作感や質感、バランスなども気になってきます。塗装性能にとどまらない「道具としてのこだわり」を追求したのが写真のハンドピースです。

一見して印象的なのは、表面のサチライトニッケルクロームメッキ。以前はツルピカのクロームメッキが一般的でしたが、最近はこのモデルのようなツヤ消しや、ネイルアート業種での使用頻度が高いこともあって着色処理されたカラフルなものなど、実用一辺倒ではない趣味ならではの遊び心、選ぶ楽しみも増えてきています。

同社ハンドピース中で最小口径となる0.18㎜を採用、非常に繊細な細吹きやグラデーション塗装を施すことが可能なものとなっています。ニードルキャップ先端が対象物にくっついた状態で、鉛筆で描くような細線を描くこともできます。ダブルアクションで、手元でエアー量を調節できるエアジャストシステムも搭載され、ボケ足の調整も自由自在。高価なのは部品の加工精度が高いためで、そこに道具としての高級感を加味した商品。

細密な斑点や不定形の波線で迷彩されているような航空機キット、フィギュアに施される微妙な色のグラデーション塗装などを行なう際にはその実力を発揮することでしょう。

いきなりこのハンドピースを購入するのはハードルが高いかも知れませんが、より精度の高い塗装を施したいとき、また汎用塗装機種はすでにあって細吹き用を導入したいときなどには少々値が張りますが、奮発するだけの価値はあるでしょう。

■3万円、0.18㎜の実力を試してみた

比較相手
価格差
10倍
（かなり
気の毒）

▲Mrプロスプレー ベーシック
（GSIクレオス 価格／4千円（税別））

広い面積もなんのその

▲ニードルを最大に引くとこれくらいの太吹きも可能。精度が高く、塗料がなめらかに飛沫になっていることを実感

Mr.エアブラシカスタム 0.18、使ってみるとどんなものか、実際に試用してみた結果を紹介してみましょう。プロスプレー ベーシックと比較してみました。やや卑怯です。異種格闘技ですから。

結論から言うと、当たり前過ぎて恐縮なのですがその差は歴然。プロスプレーは決まった濃度、距離、広さにしか塗れませんが、カスタムモデルはまさに自由自在。極細吹きから比較的広い面積の塗装までこれ1本でこなすことができました。

これ以外は
吹けません……

▲Mr.プロスプレー ベーシックは吸い上げボトル式で、吹き具合の調整はほぼ不可能。あと気を付けないと飛沫が飛ぶ

カップの溝は単なるデザインじゃありません

▲カップ外周にある溝は装飾のためのデザインのようだが、じつは塗料のタレを止める役割があるのを知ってたかな？

ノズルが
くっついて
いても吹けます

▲ニードルの後退量を少なめにし、エア圧を下げるとこんな極細吹きも可能。王冠型ニードルキャップの本領発揮

エアーブラシ選びのポイント

■コンプレッサーは何を基準に選ぶのか?

■数万円の価格差はどこに起因するのだろう?

模型用コンプレッサーといっても1万円以下のものから10万円以上するものまで価格はピンキリです。ここまで価格の差が生じる原因は何でしょう? そもそもずっと以前は、コンプレッサー＝高価、それに対しエアーボンベ（エアー缶）＝安価という選択肢だったのです。コンプレッサーが高価なのは、空気圧縮の機構にともなって発生する振動を極力抑えるために筐体を重くし、かつ発熱に強い材質で、また連続使用ができる高出力モーターを使用するためにコストがかかっていたのです。ですからコンプレッサーは高価ななかでも付加機能が充実しているから少し高い、いないからちょっと安い（たとえば8万円が6万円になるとか）という感じでした。

コンプレッサー価格が1万円前後にまで下がってきたのは、小型、高出力の新型モーターが登場し、それを利用した機器が普及したというのが大きな要因のひとつと考えられます。

現実的なことを言えば、通常模型を作る環境では特殊な事情がない限りエアーボンベを選択する必要性はないと思われ、まずコンプレッサー購入ということになります。それではさまざまな価格帯で商品が展開されているなかで、何を基準に選ぶかということになりますが、ここは価格帯をふたつに分けて考えることにしましょう。

まずは2万円以下のクラス。このクラスは、エアーが出るだけのシンプルなモデルが並び、吐出性能に大きな差は出ません。最高圧は低めですが、極端な細吹きや繊細なボケ足調整の性能を求めないなら、なんの不満もなく使用できるはずです。

1万円（税別） PS371 Mr.コンプレッサー プチコン・キュート

小型＆軽量にするため新設計のダイヤフラム・ユニットを搭載し、ボディに樹脂を使用。模型塗装に使えるエアー圧のダイヤフラム式コンプレッサーとして低価格をめざしたものだ。ただし普及汎用タイプのハンドピースである口径0.3mm用に上限圧が設定されているため、口径0.5mmのトリガータイプは使用できない。低年齢ユーザーの入門マシンとして価格は手頃。あるいはサポート用のセカンドマシンとしてもいいかも

いっぽう2万円超のクラスになると、価格と装備／性能がある程度比例するようにモデル展開されていることが多く、高価なものになるほど高性能なレギュレーター／水抜きやタンクが標準装備されるようになります。ハンドピースの性能を引き出し、楽しく塗装したいなら、なるべくレギュレーターを装備したものを選択するとよいでしょう。また本体のみでも価格はダイレクトに性能へと反映され、出力や耐久性に差が出ます。もうひとつ、コンプレッサーを選ぶうえで重要なのが「静粛性」。マンション暮らしだったり深夜の作業をするなら、静音設計のコンプレッサーがオススメ。

エアテックス APC006D **4万5800円（税別）**

ツインヘッドダブルシリンダー搭載、約40ℓ／minの空気吐出量を誇るハイパワーモデルで口径の大きなエアーブラシにも対応。3.5ℓのエアータンクを搭載、脈動を抑えると同時に空気の清浄化、吐出空気の安定化、静音にも貢献します。簡易水取りエアフィルター、レギュレーター機能付。ブレイドホースも付属しており、購入後すぐに作業に突入できるぞ

フル装備で静粛性の高い高価なモデルは、趣味で模型を作るにはオーバースペックな機種であることも多いようですが、買えば一生ものです。

構造がシンプルで（模型製作レベルでは充分だが）圧が比較的低い2万円以下のモデルでも、エアー圧縮やエアー送りの方法を工夫して、筐体で密閉するようにして作動音を抑えたり、機構の駆動音を減衰したりと改良、性能向上しています。このランクの機種では使用時のモーターの熱がもとで本体が熱くなることが多いので、購入時にはそのあたりの注意点も、お店の人などによく確認しておいたほうがいいでしょう。

●トレンドは静音設計とコンパクトデザイン

▲GSIクレオス リニアコンプレッサーL5
あまりパワーは無いが、とにかく静か

◀▶以前は静音設計コンプレッサーの代名詞と言えばオイル式だったが、構造上エアーと一緒にオイルを吹いてしまうという症状がついてまわり、定期的な調整が必要なことだから現在は市場からほぼ姿を消してしまった。主流はメンテナンスフリー、静音性を重視したものとなっている。駆動方式はちがうが写真のモデルは動作音がそれぞれ50db前後で、一般家庭のエアコンの作動音と同程度の大きさ。サイズは可能な限りコンパクトにまとめられており、それでいて模型塗装に使用するには出力も充分。あとは作業場所の環境や主な用途を考慮して機種を選ぼう

▲アネスト岩田 IS-925
2気筒のハイパワーモデル

●タンク（パルス）で脈動をおさえる

▲エアテックス コンプレッサー APC002D

◀空気を圧縮・吐出するための方式によらず、往復運動でエアーを送り出すコンプレッサーではエアーの脈動（空気密度の疎密）が出てしまう。これを解消するため考えられたのが定圧タンク。タンク形状は機種によって違うが、装備すれば脈動なく塗装でき、細密な作業への支障がなくなる

■コンプレッサーの駆動方式はどう違う?

模型用コンプレッサーの駆動系はたいていピストン式とダイアフラム（振動板）式に分かれます。一般的に、前者はメンテナンス性に優れ連続稼働に強く高圧を発生できるかわりに振動や音が大きく、後者はシステム自体を小さく作れ、騒音も少ないのが特徴。

模型製作ではそれほど高圧を必要としないので、エアー供給性能での優劣はあまり出ません。また騒音も、ピストン型ながらシステムをオイルの中にフローティングすることで高い静粛性を実現した機種もあり、方式自体にはあまりこだわらなくてよいでしょう。

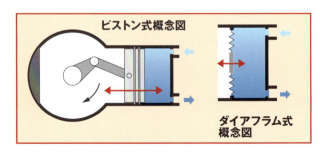

ピストン式概念図

ダイアフラム式概念図

■水抜きや減圧調整器、フィルターはどうなのか
■上位機種なら必ずセットされている水抜き、減圧調整器はエアーブラシの必需品

●湿気の多い日本では"水抜き(ドレーン)"が必需品

コンプレッサーは周囲の空気を吸い込んで圧縮し、圧力を上げて放出します。空気中にはもともと多くの水分が含まれていますが、空気が圧縮され体積が小さくなると、そこに含まれる水分は気体の状態では存在できなくなり、凝集し小さな水滴となって混入します。湿度が高い日本、とくに梅雨時などはもともと空気に含まれる水分が多く、ホース内壁で結露して水滴になることもままあるのです。水抜きを介さないままだと、それがエアーブラシのなかに入ってきてしまいます。そうすると、塗料に混ざって吹き出してしまい塗装面を荒らします。水性の塗料などでは水滴の混じった部分だけ塗料濃度が変わってしまったり、溶剤系では水を包み込んだ塗料の膜が形成されあばたのようになったりすることさえ起こります。

また、水抜きを通しても完全に抜き切れなかった水分が、水抜きからハンドピースまでの間にあるホース内に結露して徐々に溜まることがあります。このような状況を解消するため、14ページで紹介したようなGSIクレオスのドレン&ダストキャッチャーが発売されていますので、利用するのもいいでしょう。

なおドレーンは単に水分を取るだけではなくて、空気中の油分や微細なホコリも除去する機能を有していますから、光沢の必要なカーモデルなどを作る場合にはとくに重要です。

あらかじめセットされている場合はともかく、単体でコンプレッサーを購入した際には、その機種に対応する水抜きを別途購入して必ず装備するようにしましょう。

▲季節や環境にもよるが、ある程度作業したら水を抜く。たぶん夏などは驚くほど溜まっているはず……。写真はアネスト岩田「IS-925」の除湿フィルター部分

●エアー圧はどれくらいあればよい?

高出力コンプレッサーでは0.5MPa(メガパスカル)以上の圧を出力できるが、0.3㎜口径程度のエアーブラシで30㎝大の模型を塗装するのに使うのなら0.1MPaもあれば不自由なく塗装できる。このエアー圧を必要な値に調整するのがレギュレータ(減圧調整器)だ。高圧を出力できるコンプレッサーは、大抵エアー容量が大きくタンクが併設され、レギュレータも付属するので、低圧で吹くときにも安定した性能を得られるものが多い。

レギュレータは各種別売されているが、機種によって対応しない場合もあるので、購入時には自機の型番などをよく確認する必要がある。

ちなみに圧の単位は1MPa=10kgf/㎠=10バールという換算になる。

■初めて購入というのなら、セット販売されているものをかしこく利用

「とにかくいますぐエアーブラシ塗装をしてみたい!」という方にオススメなのが各社から販売されているセットもの。

これならホースの規格など、こまかいことを気にせずに買ってくるだけでエアーブラシ塗装がはじめられます。もちろんあとから部分的に交換したり、システムパーツを追加してグレードアップすることも可能です。

▲GSIクレオス Mr.リニアコンプレッサーL7 レギュレーター/プラチナセット
エアーブラシはWAプラチナ 0.3Ver.2が付属。5万8000円(税別)

◀エアテックス エアーブラシワークセット メテオ
口径0.3㎜のダブルアクションエアーブラシと、バッテリーパック(別売)を組み合わせればコードレスで使用可能となる、重量約500gという超コンパクトなコンプレッサーセット。
1万500円(税抜)

▼タミヤ スプレーワーク HG コンプレッサーレボⅡ(HGエアーブラシⅢ付)
コンパクトでも余裕の風量、脈流が少ないコンプレッサーとダブルアクションタイプのエアーブラシセット。
3万3600円(税別)

▼アネスト岩田 HP-ST850-CPH
付属するエアーブラシはダブルアクションタイプで0.3㎜口径のHP-CP、コンプレッサーはフィルターレギュレータ付のIS-850、さらにコイルホースとストレートホース、エアーブラシを二本掛けることが可能なハンガーが付いてくるという模型業界向け流通限定のお買い得セット。
オープン価格

付随してわすれてはならないモノ

■作業環境を確保する……塗装ブースは必要か？

■塗装環境はモデラーが頭を悩ますところなのだが……

　有機溶剤系塗料を使用したエアーブラシ塗装は、溶剤などに着けられている臭いが充満したりしますし、たとえ水性の塗料であったとしても、舞い上がった塗料飛沫が乾燥して粉末になり、粉塵となって飛び散ったりと、正直なところ健康や家庭環境に決して優しくありません。室内でエアーブラシ作業をするならば、塗装ブースを使用するなどして塗料が飛び散らないようにしたいものです。市販ブースを使わない場合も、周囲は新聞紙やビニールなどでなるべく広範囲を養生しておいたほうがよく、換気だけは常にしっかりとするよう心がけましょう。

　なお、市販の塗装ブースは基本的に塗料の飛散を防ぐためのものと考えたほうがよく、ブースを使用しても完全に臭いがなくなるわけではありません。できれば市販の換気扇などを併用するとなお良いでしょう。

◀編集部の塗装作業スペースに不足しているのは換気扇。作り付けのものがないのでオプションで別個設置する。これは汎用性が高い。▼普通の大きさ、形状の換気扇なら数千円で購入でき吸引力も高いので、窓などの内側にぶら下げ、塗装ブースと併用すると室内に臭いがこもらず快適に作業できる▼▼100円ショップで売っているS字管を使ってカーテンのレールにぶら下げると簡単にセッティングできる

▲モデルグラフィックス誌編集部の塗装作業スペース。GSIクレオスの塗装ブース、乾燥機、ライトなどを設置し、快適に塗装することが可能。灯りと換気は塗装環境において重要な要素だ。ちなみに業務用ということで、コンプレッサーはホルベインのワーサー15Aを設置。エアーブラシはモデラー各人が持ち寄って使っている

■作業スペース周辺だけじゃない、自分自身も護らなきゃ

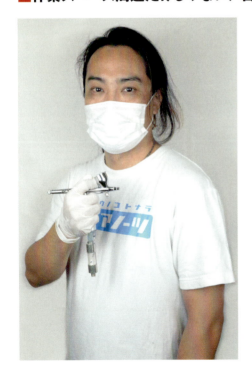

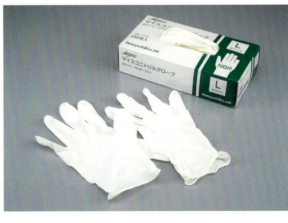

◀手には薄手のゴムやビニール製で伸縮性のある手袋をしておくと手の油脂などがキットに付着することも防げ、なおかつ塗料で手が汚れることも無い。医療用のニトリルグローブは使いやすく、多めにパッケージされているのでおすすめ

◀◀塗装に際しては、できれば作業専用の、汚れてもかまわない着衣やエプロンを用意したほうがいい。またマスクは必ず着用すること。できればゴーグルをかけることもおすすめしたいところ

　塗装作業のときにマスクをするのは、なにも溶剤系塗料に含まれる溶剤分を吸い込まないようにするだけが目的ではありません。むしろ怖いのは、性状が安心安全であるだけに油断しがちな水性塗料かもしれないのです。

　エアーブラシ（缶スプレーも同様だが）で塗装したときに、模型に定着しないで空中に舞い上がった塗料飛沫はそのまま乾燥し、微粉末となってしまいます。いわゆる粉塵というやつ。これを吸い込んでしまうと、肺のなかに入りますが、これは代謝されることがなく、どんどん肺胞に蓄積されてしまうのです。水性だろうが油性だろうがラッカーだろうが同じです。

　もちろん趣味で模型を作る程度での影響はさほど大きいものではないでしょうが、危機管理です、マスクは必ず着用しましょう。

■作業環境を快適化するために塗装ブースを導入

■市販の塗装ブースを見てみよう

アルゴファイル　ラップボードⅢ

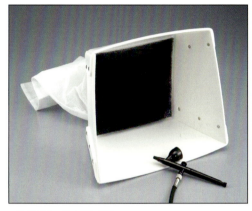

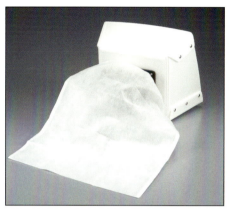

▲HLB5201　ラップボードⅢ
19,000円（税別）
　本来はモーターツールなどでの作業時に使用する卓上集塵機だが、前面のフィルターは塗装用としても使える仕様のため、エアーブラシ塗装にも対応できる。市販されていない強力なファンを内蔵、排気はホースでなく後部の集塵袋に排出されるので、好きなところに置いておける

ホースなどの排気用部品が無いぶん、うしろもシンプル、奥行きわずか220㎜。持ち運びも楽々できる。もちろん模型製作時に発生する粉や削りカスもぐんぐん吸い取ってくれるので、部屋を汚さずに済むぞ

▲後部に取り付ける集塵袋は不織布製で、ゴムで簡単に取り付けられる。ドライバーなど工具のいらない親切設計だ。普段のお手入れもフィルターと集塵袋の汚れを落とすだけ。もちろん別売りもしているので安心。あくまで集塵機なので、飛沫などの粒子は吸い取ってくれるが換気されるわけでは無いので注意。窓を開けたり換気扇を同時に使用すること

GSIクレオス　Mr.スーパーブース コンパクト

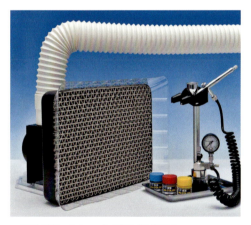

▲写真は作業セットイメージ。塗料などは付属しない

◀▲FT03　Mr.スーパーブース　コンパクト
18,000円（税別）
　吸気する有効面積はそのまま、「Mr.スーパーブース」よりミストガード部の横幅で250㎜ほどちいさくなった。奥行きも290㎜と薄く、排気口が上側になるなど、設置場所の面積も少なくて済む

タミヤ　スプレーワーク　ペインティングブースⅡ

タミヤの塗装ブースは何重にもなったフィルターを通過させることで塗料の粒子を効果的に吸収する。他社同様のシロッコファンによって高い吸引力と静かな作動音を両立。また排気用延長ホースも付属している

◀タミヤ　スプレーワーク　ペインティングブースⅡ
（ツインファン）
24,800円（税別）

▶タミヤ　スプレーワーク　ペインティングブースⅡ
（シングルファン）
16,800円（税別）

あるとうれしい付属、周辺器具

■塗装作業にはこんなものもあると便利

■ああっ……そんなときに助かる便利グッズを少し紹介

「エアーブラシ/コンプレッサー/塗装ブースのほかにもこんなものがあると便利！」なツールをここでまとめて紹介。人間は手が2本。そのうち利き手はエアーブラシでふさがっているから、使える手はひとつ。でも塗装するものはたくさんというときなど、パーツを固定する用具はいろいろ用意しておくと便利です。

▲▶GSIクレオスの「Mr.ネコの手2」（左）と3（右）（各1,500円、税別）はこまかいパーツの塗装に重宝する。上写真が基本セットだが、「パーツ固定 ネコの手2・3用 アシストパーツA型」および B型（各600円、税別）、「ネコの手2・3 アシストパーツA型用パーツ固定ベッタンゴム（320円、税別）」を組み合わせて利用すれば写真のように使えてさらに便利

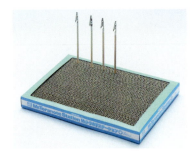

▲GSIクレオス Mr.トラの手ステーション
800円（税別）
330mm×240mm×30mmという大型サイズで、ゆとりを持って持ち手棒を保持。パーツの多いキャラクターモデルでも安心だ

▲GSIクレオス Mr.ネコの手持ち手棒（36本入）
1,000円（税別）
ほかにも軸系5mmの太、両端クリップタイプ、幅広の目玉クリップ付などがあるのでお好みで

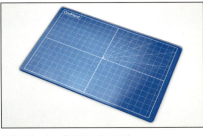

▲ゴッドハンド ガラスカッターマット
1,800円（税別）
耐熱強化ガラス製、151mm×227mmのカッティングマット。刃がマットに食い込まないため、マスキングシートやテープをよりこまかいところまで切り出せる

◀マスバー
3,800円（税別）
ゴッドハンド直販限定品
幅約12mm以下のマスキングテープを「パチン！」と切ることができる。テープをちょっとだけ切る、というのはなかなか難しいので、あれば非常に作業がはかどるぞ

◀タミヤ スプレーワーク ペインティングスタンドセット
1,500円（税別）
テーブルとスタンドの2タイプをセットしたもので、回転するようにできており、いったんパーツを固定したら回しながらまんべんなく塗装を進めていくことが可能

■まとめとして

■ジャンル別に考えるエアーブラシ選択の実際

単色でグレー1色に塗るだけなら缶スプレーでもこと足りる艦船模型ですが、1/700といった縮尺でもスケール感を損なわない塗装面にするには、やはりエアーブラシを使いたいものです（特にサーフェイサー吹きでエアーブラシを使うと、表面がざらつきにくく、きれいに仕上げやすくなるでしょう）。細吹きできるタイプにしておくと、艦橋リノリウム部など細部の塗り分けに活用できます。

AFVモデルでは複雑な形の迷彩塗装の車両がよくあるので、なるべく細吹きも得意な、細い口径のエアーブラシを選ぶようにするのが得策。均一に塗るというよりは塗装面に抑揚を付けることが最近の傾向なので、微妙なコントロールの利くダブルアクションモデル上位機種がオススメです。思ったとおりのグラデーションを施すために、容量が大きめのコンプレッサー/レギュレーターを備えておくようにすると安心です。

ガンプラ系のロボットモデルは基本塗装、色面を作るだけなら機種を選ばず塗れるのですが、いわゆるMAX塗りのようにグラデーションを基調にした塗装を望むのなら0.3mm口径のダブルアクションモデルがよいでしょう。ガンプラの基本塗装は作業する時間がどうしても長くなりがちなので、トリガータイプを選ぶのも手です。フィギュアは繊細なグラデーションが塗れる0.2mm口径以下のダブルアクションがオススメ。

ツルピカに仕上げたいカーモデルでは表面張力を使ったツヤ出し塗装がよく行なわれますが、塗料の希釈が薄めだと、塗料が凹部にたまったりタレたりします。対策として0.5mm口径などのエアーブラシを使えば、より濃いめの塗料を吹くことができるので、塗料がタレたり流れにくくなるでしょう。塗装/組み立ての工程が入り組んでいるカーモデルでは、複数の口径でエアーブラシを準備すると作業がはかどります。

パーツ表面に繊細なスジ彫りなどのモールドが多く、金属地肌の機体もある飛行機モデルでは、塗膜を薄くきれいに塗れるエアーブラシが欲しくなります。薄くキレイに吹くには口径が小さめ（0.3mm径以下）でノズルまわりの精度が高いモデルがオススメです。しっかりとしたモデルを選んでおけばエアーブラシは10年以上使える道具ですので、ここは奮発して各社の上位モデルを狙ってみてはいかが？

Second chapter
I use the airbrush

第二章

エアーブラシを使う

矢澤乃慶氏所有　アネスト岩田「ハイライン HP-CH」

エアーブラシで塗装をするとき、

■まずは「濃さ」と「エアー圧」の関係性をつかもう

■塗料の薄め具合で塗装面の仕上がりは決まるともいえる

●塗料濃度とエアー圧相関模式図

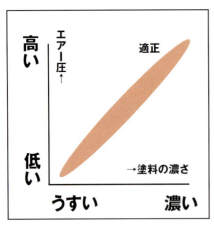

▼▲なにも考えずにむやみおに薄めればいいというようなものでもない……。目見当でできるようになるまでには経験が必要。ちなみにあらかじめエアーブラシ用に調整済みの塗料もあるけどね

エアーブラシで思いどおり自由自在に塗料を吹くためには、「塗料の濃さ」「エアー圧」「対象物との距離」「エアーブラシとパーツとの相対速度」という4つのファクターの関係性をしっかりと掴む必要があります。

はじめにお断りしておきますが、エアーブラシを上手に吹くための重要な要素、この4つのファクターはそれぞれが連動した関係性を持っているので、すべてをひとつの平面上の表のなかに表すことはできません。エアーブラシが難しそうに見えたり、実際に「うまく薄められない……」というかたがいらっしゃるのはこれが原因でしょう。そこで、ここではいくつかに項目を分けつつ、最終的には実際の手順を踏まえた解説をしてみることにします。まわりくどいようですが、項目同士の関係性と優先順位をしっかりとマスターすることで、塗膜の厚さ、ツヤ、色味、ボケ足などを実際にコントロールできるようになるはずです。

さて、エアーブラシ塗装はエアーで塗料を霧状（ミスト）にして飛ばし、それを対象物（被塗装物、つまり多くは模型表面）にのせていくことで色が着くという仕組みになっています。塗料がうまくミストになってくれないことには先に進めませんので、まずは塗料をうまく微細な飛沫にするために重要な「濃さ」と「エアー圧」の関係を考えてみましょう。

塗料は濃いと粘度が上がり、薄めると粘度が下がりますので、濃い場合はエアー圧が高くないとうまくミストになってくれず、詰まったり塊の状態で吹き出されてしまいます。逆に言うと、濃くてもエアー圧を上げ口径が大きめのエアーブラシを使えばきれいに吹くことができます。

塗料を薄めにした場合は、エアー圧が高すぎると塗料が出すぎてしまいますが、エアー圧を低めにすれば塗料の量を適正に設定できます。

このように、塗料の濃さ＝薄め具合はひとつの数値でビシッと決められるものではありません。あくまで相対的なものだということを覚えておくようにしましょう。

■一般的には塗料を2〜3倍に希釈しておけばOKなのだが……

上述したように、エアー圧（口径も関係してくる）を変えれば薄め具合にはあまりこだわらなくても塗料をミストにすること自体は可能なのですが、模型製作では塗料を吹き出すことが目的ではなく、模型のパーツに色を着けることが求められることですから、塗料を吹き出せても、狙ったツヤになっていなかったり、なかなか色が着かないようでは具合が悪いですよね？

そこで、その中間の具合、ニュートラルな状態がよくなるところを狙った基準となる薄め具合なのですが、Mr.カラーの溶剤系アクリル樹脂塗料（俗に"ラッカー系"と呼んでいるもの）であれば塗料1に対してうすめ液1.5〜2.5くらいが標準となります。ただし、一度キャップを開封したら塗料の濃度は徐々に変化しますから、それに応じた対応が必要になります。

実際は塗料の種類によっても変わりますので、次ページで解説する試し吹きを行なって決めるようにしましょう。

▼もっともベーシックな比率はこうなのだが、たとえば水性塗料の場合、あまり薄めすぎると模型表面ではじかれてしまうおそれもある。また、基本は細吹き、ノズルの細いものほどより薄く塗料を希釈するほうが、きれいな塗装が可能となる

塗料はどれくらい薄めればいい？

■意外に重要なのが塗料を吹く「距離」と「速さ」
■ハンドピース先端から対象物までの距離、吹き始めから終わりまでの手の速さが鍵

エアーブラシ塗装で注意すべきところは、仮に2倍（塗料1：うすめ液1）で薄めた同じ塗料を使って塗装をするとしても、ハンドピースと対象物との位置や距離、ハンドピースを持つ手の動かしかた、速度ひとつで塗料ののりかたがまったく変わってしまうところです。

ノズルから吹き出された塗料のミストは、ノズルに近いほうが密集して量が多く（つまり密度が高い）、離れるに従ってまばらに（言い換えれば疎な状態に）なっていきます。ノズルの先端を頂角にした円錐形に塗料は広がっているのです。そしてエアーの圧力は近いほうが高く、遠いと拡散して低くなっていきます。このため、同じ吐出状態でも、ノズルを近づければ塗料は強く激しく、遠ざければゆるやかに対象に吹き付けられることになります。

また、ボタンを押し続けた状態では、ノズルから常に塗料が噴出されているので、動きがゆっくりであれば同じところに多量の塗料が乗り、速く動かすと一点に吹き付けられる塗料の総量は少なくなるということになります。

近すぎると、下写真のように大量に着いた塗料がエアーで吹き飛ばされ"あし"ができてしまいますし、遠すぎれば塗料が対象物にたどり着く前に半乾燥状態になり、塗料が粒子状に定着（しないこともあります）し、ザラザラになってしまいます。素早く動かす必要性や、距離をとったほうがいい状況というのは、塗装するものの大きさ、形状、塗料の光沢の有無などの条件により、これまた変化してしまいますが、経験則から学んでいくほかありません。

この距離と速度の関係を理解するためには、実際にエアーブラシで吹いて練習し、マスターするように心がけましょう。

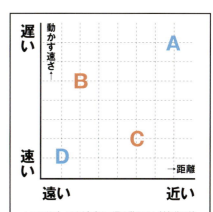

▲ハンドピースを近づけて遅く動かすと対象物に塗料がたくさん乗る（A点）。遠目から遅く動かす（B点）のと、近めで速く動かす（C点）はほぼ同様、遠めで速く動かす（D点）と塗料が乗る量は少なくなる

 早い ← → 遅い

エアーブラシを同じところで止めておくと、その同じところに塗料が乗り続けるので、だんだん表面張力でツヤが出てきて許容量を越えるとタレる。逆に速く動かすと一定面積に乗る塗料の量は少なくなり、ややツヤ消し状になる。均一な塗装面を得たいときは、エアーブラシを動かす速度に特に注意するようにするとよいだろう

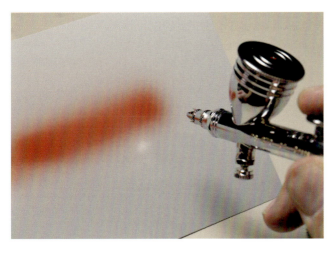

近い ← → 遠い

近すぎるところで吹き付けると（写真左）塗料が乗りすぎ、近づけたことによって強まったエアで流れてしまう。このようなときは、塗料を薄くし、エア圧を下げれば同じ距離でも流れなくなるが、塗料が薄まって色が付きづらくなる。逆に離しすぎると（写真右）塗料があまり乗らなくなり、塗装面はツヤ消し状になる。

「試し吹き」をマスターして

■考えているだけではわからない。実地で解説！

■試し吹きをマスターする者がエアブラシ塗装を制するのだ

前項で解説したとおり、エアーブラシ塗装には4つのファクターがありますが、これらの独立したパラメーターをバラバラに調整していくと、なかなか狙ったとおりの塗面に定まってくれません。そこで、まず「エアー圧」を定めた状態から調整を始めて、行ったり来たりしながら調整を進めてみましょう。

とりあえずエアー圧0.1MPaと決め、塗料が出るようになるまで薄めたら、次は吹き付ける太さ（面積）を決めます。細く吹きたいときはニードルの後退距離を少なくしてノズルを「絞った」状態にしますが、ノズルの塗料が通過するところが狭くなると、より薄めの塗料でないと吹けなくなりますので、ここで濃さを追加調整しましょう。また、細吹きするときは同時にエアー圧を下げないと薄めた塗料が出過ぎますので、エアー圧も調整します。太くしたいときはこの逆にすればよいので、狙った太さの線が描けるようになるまで、試し吹きをしながら調整を繰り返していくようにしましょう。

試し吹きをするときは、漠然と吹いてみるのではなく、光にかざして反射で塗装表面の具合を見ながら、塗料のミストがどのように飛んでいるのか把握することが重要です。塗料の濃さ、エアー圧、塗料の噴出量がだいたい定まったら、微妙に距離と動かす速度を変えながら狙った塗面になる塩梅を探していくようにします。

詳しくは写真を見ていただくとして、どうすればどうなるのかのバランスを目で覚えるようにしましょう。

▲エアーブラシの塗料カップにいきなりに生のままの塗料を入れるのは厳禁。濃い塗料が詰まって難儀する。濃さが適当で良いような場合も、先にうすめ液をカップに入れておいてから塗料を入れるようにしよう

▲混合用の専用ポリカップがあればそれを使うが、紙コップでもいい。色は白。白い紙コップだと色味の確認がしやすい。まず、塗料をビンのなかで充分に撹拌しておいたものを紙コップに全量移してしまおう

▲紙コップに塗料を移したらうすめ液を適宜入れるが、空になった塗料ビンにうすめ液を入れて計ると簡単に定量希釈できる。塗料ビンに全量、塗料が入っていないような使いかけの場合は、新品塗料よりも濃い可能性があるので注意

▲うすめ液で希釈すると色あし（コップの内側に残った塗料の色）が見え、実際の色調がわかる

▲まず空気圧を0.1MPa（1バール）くらいにして（調整できないコンプレッサーでも、もともとこれくらいの圧に設定される。説明書の定格圧力という表記を確認）塗料が吹き出されるかチェック。きれいに吹き出されない場合は薄める

▲塗料をハンドピースのカップに移す。紙コップの口をつまんで折り曲げてやると、カップに塗料が移しやすい。なお塗料とうすめ液はよくかき混ぜておくこと

▲塗料が出るようになったら、引き出しながらつまみを調整してまず塗料の量を決め、それに併せてエアー圧を再調整。塗料を絞って細吹きする場合は圧を下げるようにする

▲塗料濃度を追加調整する場合は、面倒でも一度紙コップに戻してコップ内で薄めよう。こうすると濃度のムラが出にくく、塗料の全体量が多い状態のほうが微調整もしやすい

塗料の"薄め具合"を制す

■ケーススタディで知る、塗料の具合度チェック
■塗料ミストの状態を「よく見て」バランスを取るようにしよう

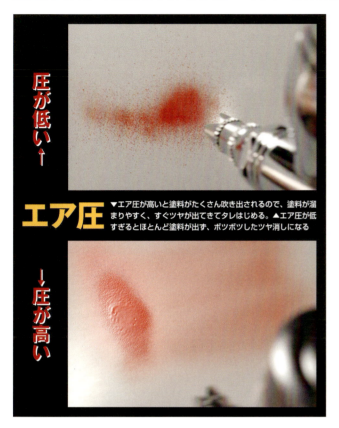

エア圧　圧が低い↑ ↓圧が高い
▼エア圧が高いと塗料がたくさん吹き出されるので、塗料が溜まりやすく、すぐツヤが出てきてタレはじめる。▲エア圧が低すぎるとほとんど塗料が出ず、ポツポツしたツヤ消しになる

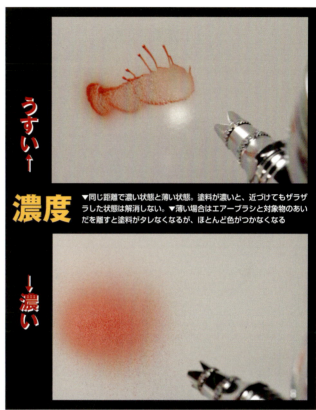

濃度　うすい↑ ↓濃い
▼同じ距離で濃い状態と薄い状態。塗料が濃いと、近づけてもザラザラした状態は解消しない。▼薄い場合はエアーブラシと対象物のあいだを離すと塗料がタレなくなるが、ほとんど色がつかなくなる

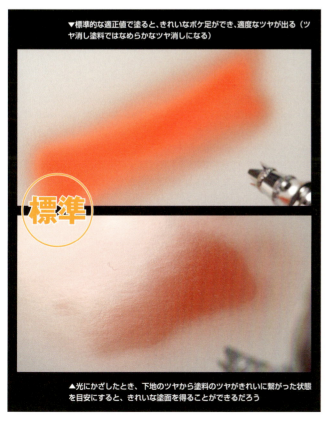

標準
▼標準的な適正値で塗ると、きれいなボケ足ができ、適度なツヤが出る（ツヤ消し塗料ではなめらかなツヤ消しになる）
▲光にかざしたとき、下地のツヤから塗料のツヤがきれいに繋がった状態を目安にすると、きれいな塗面を得ることができるだろう

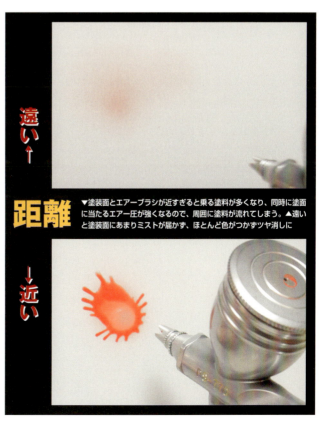

距離　遠い↑ ↓近い
▼塗装面とエアーブラシが近すぎると乗る塗料が多くなり、同時に塗面に当たるエアー圧が強くなるので、周囲に塗料が流れてしまう。▲遠いと塗装面にあまりミストが届かず、ほとんど色がつかずツヤ消しに

塗料を薄めるためのものとは？

■エアーブラシには専用のうすめ液がある

■エアーブラシ用うすめ液は何がちがうの？

塗料をエアーブラシ塗装に適した濃度に希釈するためには、その塗料の性状、性質によって専用のうすめ液、シンナーなどが発売されています。当然のことですが、水性塗料をエナメル塗料のシンナーで溶いてはいけませんし、水性でも水で希釈しすぎるとうまく塗料が乗らなくなったりもします。まず、自分が通常塗装に使用している塗料が「何系」のものであるかを充分に把握して、その塗料専用のうすめ液、シンナーを使いましょう。

本書ではずっと、溶剤系アクリル樹脂塗料つまり通称「ラッカー系塗料」をモデルケースとしていますので、ここではラッカー系に便利な、エアーブラシ用のうすめ液、シンナーの類をほんの一部ですが紹介しておきましょう。

なお、これらはいずれも極力有害な成分は含まないようにメーカーは努力していますが、有機溶剤には違いないので取り扱いは要注意です。

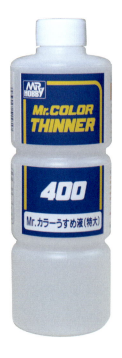

模型店に行くと、塗料を薄めるものがいろいろあるが、エアーブラシで塗装するときは、エアーブラシ用のうすめ液を選択するようにしよう。エアーブラシ用と謳われているものにはリターダーが少量入っている商品があったりと、エアーブラシで塗装するときに塗料がなめらかに出るように成分が調整されているので、塗面をきれいに仕上げやすいのだ。

もちろん通常のうすめ液でもかまわないのだが、光沢仕上げや細吹きなどをするときには効果が絶大になること間違いない

◀GSIクレオス
Mr.カラーうすめ液（特大）
容量：400ml 800円（税別）

▶GSIクレオス
Mr.カラーレベリング うすめ液（特大）
容量：400ml 900円（税別）
このエアーブラシ用うすめ液にはリターダーが入っておらず、溶解力の強さで塗料の乾きを遅くし、平滑性が出るように調整されている

▼ガイアノーツ プロユースシンナー
容量：250ml 700円（税別）
通常のものよりも強力な溶剤。強いぶん塗料をしっかりと希釈でき、プラスチックなどへの食いつきもよくなる。塗料の性能を最大に引き出せるうすめ液だ

▶GSIクレオス Mr.ラピッドうすめ液（特大）
容量：400ml 800円（税別）
普通のうすめ液よりもエアーブラシ塗装時の乾燥を早くできる。そのためメタリック塗装時にもおすすめ

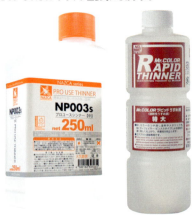

▲ガイアノーツ ガイアカラー薄め液（中）
容量：250ml 500円（税別）
ガイアカラーほか、ラッカー塗料用のうすめ液。ほかに大、特大サイズあり

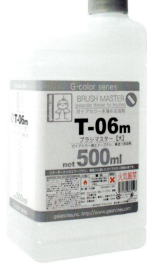

▲ガイアノーツ ブラシマスター（大）
容量：500ml 900円（税別）
ガイアカラー薄め液にリターダーを加えたタイプ。つや有り塗装やかぶり防止に

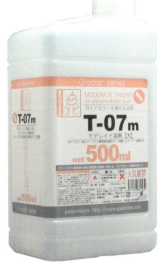

▲ガイアノーツ モデレイト溶剤（大）
容量：500ml 1,000円（税別）
ブラシマスターをベースに香料を入れて、成分は変えずに匂いを抑えたうすめ液

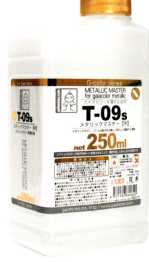

▲ガイアノーツ メタリックマスター（中）
容量：250ml 700円（税別）
エアーブラシ塗装で効果を発揮する、メタリック及びパールカラー用うすめ液

あると便利なものもチェックして

■塗装に関した便利なものやちょっとした知恵など

■そういえば試し吹きって何にすればいい？

本当はプラ板にサーフェイサーを吹いたもので試し吹きすれば万全なのでしょうが面倒ですし、コストもかかります。そこで、何を使って試し吹きをするかという話。色味を見るための試し吹きは、パーツと同じ色（サーフェイサーを使っているならグレー）のものに吹く必要がありますが、塗料の薄め具合やエアー圧を確認するだけなら、素材の色よりは表面の状態のほうが重要です。つまりツヤ消しのものや塗料がしみこむような紙などに吹いても状態がよくわからないので、鈍いツヤがあるティッシュペーパーの箱や、プラモデルのパッケージ、雑誌の表紙とかカレンダー（光沢のある紙を使っているもの）を使うと、塗料のミストの具合がよくわかります。

▲▼たとえばティッシュの箱や、作ってしまったキットのパッケージなどは、光沢紙や半光沢なので試し吹きにはちょうどいい

■クリアー塗料は透明なので薄め具合がわからない……!?

基本的に透明な塗料であっても理屈は同じです。塗料のなかに発色の元である顔料が含まれていないのがクリアーなわけですから。ただ見た目にわからないのは事実ですから、薄める作業は有色塗料（顔料の入った塗料）に比べて計量という感覚を重視しなくてはならないでしょう。新規のボトルを開けた場合はビンを使って定量を計るとよいのですが、塗装後は条件によって塗面の具合が変わるので、最終的には試し吹きした塗装面を光にかざして確認するようにしましょう。

■吹こうと思った塗料がコチコチに……固まった塗料も復活

塗料を「●倍希釈」するといっても、買い置きしておいた塗料の溶剤が揮発してしまっていると条件が同じにならないので注意が必要です。Mr.カラーの溶剤が揮発してドロッとしてしまったらGSIクレオスの真・溶媒液を使いましょう。

 どろりが → 完全復活

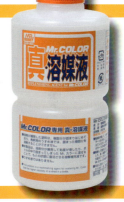

▲Mr.カラー専用 真・溶媒液
容量：250ml　600円（税別）

■ちょっとしたものだけどあると便利な塗装お助け小物

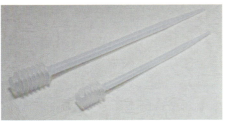

◀▲うすめ液をボトルから直接塗料ビンや紙コップに移すと口が比較的広いので微調整しづらく、こぼしたりして不経済。メーカーはその辺も考慮して専用のキャップやスポイトなどをオプションで販売、これを利用しよう。先が細くなったつる首のPPボトルなどを使うのもなかなか便利。小出しが利く

▼塗料ビンの口から塗料がたれないように作られたアタッチメント

▲塗料を希釈したり、調色した塗料を取っておくためにスペアボトルがあるととっても便利で役に立つ

エアーブラシ大攻略　27

ハンドピースの清掃法を覚える

■なるべく簡単に済むハンドピースの清掃法とは？

■ハンドピースは掃除が面倒だ、という考えは捨てよう

エアーブラシは色を変えるごとに掃除をしないと色が混ざってしまいます。これを面倒くさがっていては、エアーブラシは使えません。当然のルーティンとして受け入れましょう。

基本的な清掃法はエアーを逆流させる「うがい」で掃除をするのですが、漠然と作業していると何回うがいをしてもなかなかうすめ液が透明になってくれません。そこで、なるべく少ないうがいの回数で手早く塗料を除去できる掃除法を手順を追って解説してみましょう。

▲塗料が入ったままの状態でうすめ液を入れてうがいをしてもあまり意味がない

■うがいの回数を少なくしてキレイにする秘訣は……

ハンドピースの掃除で重要なのは、あらかじめ余分な塗料はなるべく除去しておくということです。塗料カップのなかの塗料を捨てても、ハンドピースのノズル内にはまだ塗料が残っています。この状態のままで、うすめ液をいくら使ってうがいをしても塗料が薄まるばかりで、効率よくきれいにすることはできません。

まず、ノズル内に残っている塗料をすべて吹き出してしまい、カップ内に付着した塗料もペーパータオルなどできれいに拭いてしまい、それからうがい作業に入るようにしましょう。このようにすれば3回程度のうがいでうすめ液がほぼ透明な状態になるはずです。まずは残っている塗料を完全に吹き切ってしまう、そこから清掃がスタートします。

▲色を変えるときや塗装を終えるときは、カップ内の塗料をいったん捨てる。残った塗料は紙コップなどからフタ付きのスペアボトルに移しておくとまた使えて経済的だ

▲ハンドピース内に残った塗料は、すべてペーパータオル、クリーニングボトルなどに吹ききってしまおう

ティッシュは禁止！

▲塗料をすべて拭き取る。ティッシュペーパーを使うとこまかい繊維やゴミなどが貯まり、故障の原因となるのでペーパータオルやウェスを使おう

▲かなりきれいになったように見えるがノズル内にはまだ塗料が残っているので、ここからうすめ液でのうがい作業に入る

■ここからうがいがはじまるのだ

▲うすめ液をカップ1/3程度入れ1回目のうがい。うがいの方法はニードルキャップ形状により異なるので注意

▲10秒程度うがいを続けるとうすめ液に色がつくので、汚れたうすめ液を捨てる。ボトルを用意しておくとよいだろう

▲ノズル内に残ったうすめ液をすべて吹き出し、カップの奥を綿棒で拭く。塗料がこびりついている場合はニードルをいったん抜いて拭き取るが、ニードルを曲げないよう注意

▲再度うすめ液を入れて2回目のうがい。上の1回目よりだいぶ色がうすくなってきたことに注目。写真のようなクラウンタイプのキャップの場合は緩めることでうがいできる

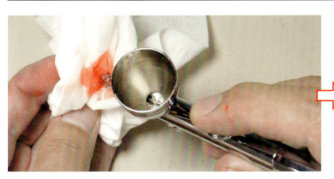
▲うすめ液を捨てすべて吹き出してから、うすめ液を少量ずつ入れ、また吹いていくとほとんど色がなくなる。▶通常、色がこれくらいになれば次の色に移って問題ないだろう

最後にうすめ液をもうひと吹き！

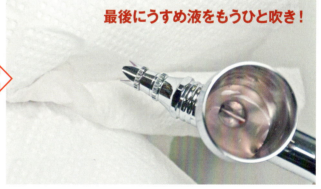

▲忘れちなのが塗料カップのフタの裏。ここをきれいにしておかないと、塗料が混ざって色味が微妙に変わってしまうことがあるので注意。うすめ液できれいに拭き取っておこう

色によっても注意！

金属色を吹いたあとや白やクリアーを吹く前は、エアーブラシ内をなるべくきれいに掃除しておくようにしないと色が混ざってしまうので注意！ さらに2回くらいうがいを重ねるようにすれば塗料がほとんど残っていない状態になるはずだ

清掃はこういうところも必要だ

■つい怠りがちな部分の清掃も忘れずに行なおう

■ノズルキャップとニードルキャップの汚れは正常なブラシワークを阻害！

エアーブラシのノズル部分（ノズルキャップ先端とニードルキャップの内側）は、吹き戻しなどで汚れてくるので、気づいたときにときどき掃除をするようにしましょう。あまり放置していると、塗料は吹き出せても色が混ざったりエア噴出部が微妙に詰まってきれいにミストが飛ばなくなります。

▲塗料が完全に乾く前であれば掃除は簡単。うすめ液を浸した筆を差し込んで動かすだけできれいになる。乾いて固まったら分解掃除しよう

▼綿棒を突っ込んで掃除する場合は、必ずニードルを抜くか後退させておくこと。あるいはノズルキャップを外して別個に掃除する。ニードルの先は繊細なので、極力触らないようにしたい。曲げたら大変！

▲エアーブラシを使っていると、このようにノズル部分が汚れてくる。放置すると固まってしまうのでこまめに掃除しておくようにしよう

■塗料が入った状態では、絶対にニードルを抜かないこと！

ニードル式のエアーブラシのニードルは、塗料カップに塗料の入った状態で引き抜くと、塗料が漏れ出してきますので注意しましょう！

ニードルは本体内部を貫通しているので、塗料は本体内のあらゆる場所、とくに可動部に入り込んだりします。ボタン側に漏れ出すと、エア弁のパッキンを侵したり塗料が固まってボタンの動きが渋くなったりします。水性塗料ならすぐに水で流せますが、ラッカー系は漏れ出したらなるべくすぐに拭き取って、さらにうすめ液を浸した綿棒などで拭き取り掃除をするようにします。

◀掃除中にカップに塗料やうすめ液が残った状態でうっかり抜いてしまわないように注意しよう

■洗浄に使ったあとの汚れたうすめ液はどうする？

▲とりあえず密閉できる容器に貯めておこう。専用洗浄ボトルを使えばなお良し

エアーブラシを使っているとけっこうな量の汚れたうすめ液が発生しますが、これを流し台やトイレなどに流すのは絶対に避けましょう。周辺機材の洗浄などに再利用したり、古新聞などにしみこませ、屋外で揮発させてから燃えるゴミ（自治体によるので注意）に出すと良いでしょう。

◀ウェーブのHGエアーブラシホルダー＆クリーナーポットスタンド（750円、税別）。ペットボトルを取り付けて洗浄ポットにもなる便利なホルダー

▲うがいに使って汚れた薄め液にとの粉を入れると、との粉に顔料が吸着／沈殿する。完全に透明にとまではいかないが、エアーブラシの洗浄用であれば問題なく再利用できるぞ

メンテナンスは使用後の習慣に

■塗料が固まってしまうとメンテは面倒になるぞ

■手強い汚れ……そんなときに助かるのはこれ

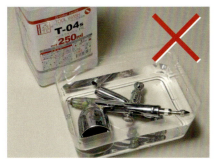

▲洗浄液に浸け置きすると、内部のゴム製のパッキン（Oリング）を痛めるのでやっちゃダメ。浸け置きしないと取れないほど汚れを放置しないようにするのが基本！

1色塗るごとにしっかり掃除をしていれば問題無いのですが、ついつい放置してしまうと塗料が完全に固化してしまって、通常のうすめ液ではなかなか汚れが落ちなくなります。そういうときは溶かす力が強いツール洗浄用液剤が各社から販売されていますので、それを使うようにします。

これらは通常の塗装用うすめ液より強い有機溶剤なので、換気などには充分注意し、なるべく手などに直接つかないように扱いましょう。

▶ツール洗浄用液剤は間違えてうすめ液代わりに使用すると、プラスチックを溶かすことがあるので気をつけよう

■メンテナンスはどうすればいい？

一般的な模型用エアーブラシは、塗装のたびにしっかりうがいと掃除をしていれば、特別なメンテナンスはほとんどいりません。一日の塗装作業を終えたら、ここで紹介した掃除作業をていねいに行なっておくようにしましょう。

なお、定期的なメンテナンスとしてやっておいたほうがよいのがグリスアップ。押しボタンの動きが悪くなると操作や塗装に影響が出てしまうので、押しボタン部品の下にあるピストン部（機種によっては一体式とそうでないものがあるのでパーツ表を確認しよう）にグリスを少量塗布しましょう。滑りが良くなり、快適に使用し続けることができます。

▲写真は押しボタンとピストンが一体式のもの。グリスは金属粒子などが混ざっているものを使うと部品の摩耗を早めて痛んだりすることがあるので要注意

Mr.エアブラシ メンテナンスセット

▲ノズルはたまに外して内側まできれいに洗いたい

▶GSIクレオスの「Mr.エアブラシ メンテナンスセット」には、洗浄用筆、掃除用クロス、Oリングを傷めにくいグリスのほかに、ノズル着脱機もセット。同社によると、ノズルを閉めすぎてねじ切ってしまうトラブルがけっこう多いそうだ。ノズルを取り付けるときは、軽く回して締まるところまでにしておこう

●「ニードルを曲げちゃった（泣）」こんなときは……

ニードルの先は細くて繊細。ちょっと何かにぶつけると曲がってしまいます。曲がったニードルはとりあえず曲げ戻して研ぐと、いちおう塗料は出るようになるのですが、これはあくまで応急処置。複合テーパーのニードルの性能は完全に元には戻りません。曲げてしまったら、アフターサービスで新品に換えたほうが無難です。ノズル破損の原因にもなります

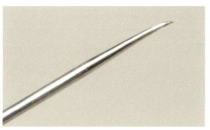

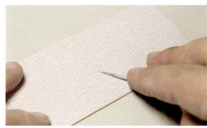

●こんなになるまで放っておくな！　ニードルキャップの変形は内側に塗料が溜まって大変だ

ニードルキャップは繊細なニードルの先端を保護する目的もあるが、噴霧する塗料の流れを決める役割もある。写真のハンドピースは手が滑って落下、ニードルは無事だったけどキャップが変形、そのため塗料を吹くと内側に溜まってうまく塗装できなくなってしまった。すぐ部品を買えばいいのに放置していたら本体は絶版、困ったもんだ

塗料のツヤをコントロールする

■ツヤの有無ってどうしてできるのだろうか

塗料の光沢のコントロールが模型の見えかたを変える

　模型を塗装するとき、実物の雰囲気に近づけたり、スケール感を出したり、質感の差を付けることで見映えをよくするためにツヤをコントロールしたい場面がよく出てきます。エアーブラシ塗装は、上手に使うとツヤを自由自在にコントロールできますが、まずは「そもそもツヤとは何なのか？」ということをちょっと考えてみましょう。

　塗装面の表面が平滑な状態では、物体に当たった光はほとんど乱反射せず、入射角と同じ反射角で反射します。そして、ある角度から見たときに光源の光がほぼそのまま反射して見えているのが「ツヤ」の光沢の正体というわけです。そこで、ツヤを出すには塗装面の表面をなるべく平滑にすれば良いということになります。

　塗装面を平滑にする方法は大まかに分けて２種類あります。ひとつは塗膜表面に表面張力を発生させる方法。もうひとつはコンパウンドなどで磨いて表面を平滑にする方法です。後者はエアーブラシ塗装法ではないのでここでは触れませんが、前者をもうちょっと詳しく解説してみましょう。

　通常液体は、表面に表面張力が発生し、表面積が最小になるように振る舞いますが、これは塗料も同様。波打った状態よりは平滑な状態のほうが表面積が少なくなる、というのはとりもなおさず最低限のエネルギー状態で安定しようとするわけで、なるべく平滑になろうとする性質を持っているわけです。

　では、なぜ塗料をエアーブラシで吹いたときにいつもツヤが出るくらい平滑になるとは限らないのかと言うと、それは塗料が液体として振る舞える状態にあるかどうかが塗料の種類や薄め具合、吹き付け具合で変わってくるからです。濃いめの塗料を遠くから吹き付けると、パーツに塗料が届くころには固体に近い状態になるので、表面は平滑にはなりません。逆に薄めの塗料を近めから吹きつけると、パーツ上に塗料が溜まり、液体として振る舞うので表面張力が発生して表面が平滑になりツヤが出ます。

　極論すると、パーツに乗せる塗料の量は多ければ多いほどツヤが出ますが、その一方で、あまり吹きつけすぎると、凹部にたまったりタレたりします。ギリギリタレる直前まで塗料を均一になるように吹きつけることができれば、きれいなツヤを出すことができるはずなのです。

　そこで問題になるのが塗料の濃度。濃いめの塗料のほうが当然粘性は高く、塗料がタレづらいのですが、その場合は大きな口径のエアーブラシと圧力が高いコンプレッサーが無いとうまく吹けませんし、塗膜は厚くなってしまいます。溶剤系の塗料は溶剤分が揮発することによって塗膜が形成されますが、厚塗りすると内部の溶剤分が揮発しづらくなってしまい、塗装面の形成不良を起こすことがあります。したがって一般的には薄めにした塗料の表面張力を活かしながら数回に分けて塗り重ねるほうがキレイに仕上がるでしょう。

　次にツヤ消しですが、要するにツヤ消しとは塗装面の表面が凸凹している状態のことです。表面が凸凹していると光が乱反射しますが、そうすると光源がぼけてくっきりとは見えなくなり、結果としてツヤが無くなって見えます。

　塗装でツヤ消しを表現するにはふたつの方法があります。ひとつはツヤ消し剤を入れる方法。ツヤ消し剤には色に影響のほとんどない小さな粒子が入っていて、塗装面表面を強制的に凸凹にしてくれます。もうひとつは先述したようにエアーブラシで吹きつけるときに、距離や濃度を塩梅して（濃く／遠くから吹く）、表面が凸凹になるように塗る方法です。

　エアーブラシの扱いになれてくると、同じツヤ有りの塗料を使っても吹きかた次第でさまざまなツヤを吹き分けることができるようになります。そうなればしめたもの、ひとつの模型のなかで微妙なツヤの差を付けながら塗って行くことができると、完成品の見映えがランクアップすること間違いなしです。

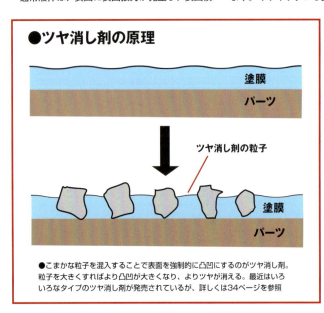

●こまかな粒子を混入することで表面を強制的に凸凹にするのがツヤ消し剤。粒子を大きくすればするより凸凹が大きくなり、よりツヤが消える。最近はいろいろなタイプのツヤ消し剤が発売されているが、詳しくは34ページを参照

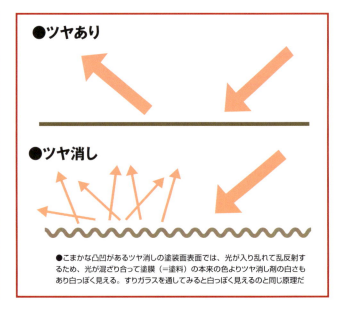

●こまかな凸凹があるツヤ消しの塗装面表面では、光が入り乱れて乱反射するため、光が混ざり合って塗膜（＝塗料）の本来の色よりツヤ消し剤の白さもあり白っぽく見える。すりガラスを通してみると白っぽく見えるのと同じ原理だ

■同じ塗料でも吹きかたでツヤのコントロールが可能
■エアー圧と塗料濃度で吹き分けることができるのか

ツヤを出したい

塗料を薄めに
エアー圧を下げる
近くから常に「表面張力」

ツヤを出したい場合は塗装面上で塗料がいったん液体状になってから乾かすようにすれば良いので、塗料を薄めにすれば簡単に塗装面表面が液体状になってくれる。下地が溶けてしまわないようエアーブラシを一定の速度で動かしながら、表面に表面張力が発生して「テカッ」とする状態を常に保つように心がけ、とにかく塗装面をよく見ながら作業する

ツヤを消したい

塗料を濃く
エア圧を上げる
遠くから小刻みに

ツヤを消したい場合は、塗料を濃いめに希釈する。濃いめにするとノズルから塗料が出づらくなるのでエア圧は高めに設定しよう。いくら濃くても塗装面状で液体状になるとツヤが出てしまうので、エアーブラシを遠めにし、小刻みに「シュッシュッ」と吹きつけるようにすると、塗装面にミストが付くころには乾き気味になり結果としてツヤが消える

■ツヤを出すためには……

ツヤを出すなら下地がカギ

▲下地が凸凹していると、上にいくらツヤ有り塗料を吹いても平滑になってくれないので、あらかじめサーフェイサーを塗って塗面を磨こう

丸いモノで練習しよう

▲濃いめの塗料で一発吹きをするときれいなツヤが出るが、いきなり本番に行かず、まずは何かに試し吹きをして練習し、塩梅を掴もう

■ツヤを消すためには……

なめらかなツヤ消しにしたい

▲しっとりとしたツヤ消しにしたい場合は、ツヤ有りで塗装を進め、最後に粒子がこまかいツヤ消し剤+クリアーで仕上げよう

とにかくしっかりツヤ消しにしたい

▲ガイアノーツの「プレミアムマットパウダー（超微粒子、微粒子の2タイプ、各600円、税抜）」は塗料を薄めることなくツヤを消せるという優れもの

エアーブラシ大攻略　33

ツヤをコントロールする

■専用の添加剤でツヤをコントロールする

■ラッカー系塗料用の添加剤を見てみよう

　微粒子を塗料に混入することでツヤを消せるのがツヤ消し剤＝フラットベースです。以前はMr.カラーでフラットベースと言えば1種類しかなかったので、混入する割合でのみしかツヤのコントロールはできませんでしたが、同じ大きさの粒子では量を変えてもそれほどツヤの具合は変わりません。そこで最近はよりいっそうツヤをコントローラブルにするため、いろいろな大きさの粒子を種別に配合したフラットベースが販売されるようになりました。

　いっぽう、ツヤを出すためのリターダーは、塗料の乾きを遅くするもので、乾燥時間を長くすることで"かぶり"などを防ぐことを目的とした助剤です。この結果ツヤが出るもので、入れすぎると乾かなくなるため、使用には注意が必要です。

 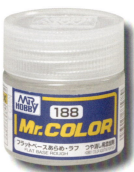 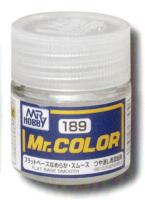

▲Mr.カラーでは、粒子の大きさが異なる3種のフラットベースがラインナップされている

■ツヤ消し剤と塗料はどれくらいの比率で混ぜるのか？

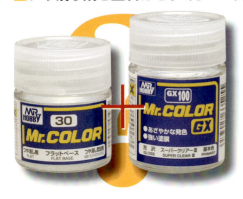

　塗料をツヤ消しにする場合、塗料2に対してフラットベース1くらいが基準になります。もっと入れても良いのですが、入れすぎると乾燥後に白く粉を吹くことがあるので極端に多く入れたい場合は事前に実験をしてみましょう。いわゆる「半ツヤ」にしたい場合には、塗料に対して5～10%のフラットベースを混ぜます。量を少なくしても粒子の大きさ自体は変わらないため、入れすぎると普通のツヤ消しになってしまうので注意

▶湿気が多いときに塗装面が「白くカブる」のは塗料が湿気を巻き込んで、塗装面状から揮発する前に塗料が粘性を持ってしまうから。リターダーは湿気が多い季節のカブり対策用助剤として使われるものだが、乾燥が緩やかになるため、塗装面が均一に広がるようになり、光沢も増す結果となるのだ

■上記3種類のツヤ消し剤を実際に使って比較してみた

あらめ（ラフ） **フラットベース** **なめらか（スムース）**

▲最も粒子が大きく、明らかに塗装面が凸凹する。戦車の滑り止めやF1のバックスキン表現などに便利そうだ

▲以前から販売されている「フラットベース」は、粒子の大きさは中ぐらい。一般的なツヤ消しの表面になる

▲いちばん粒子がこまかいのがこれ。ツヤ有りにした塗装面に塗ると、きれいな半光沢に仕上げることができる

エアーブラシとホコリ対策のこと

■塗ってるうちに塗装面にホコリが……どうする?

■塗装する前にまずホコリのない環境を作る

付いたホコリはすぐに取る

取れないときは乾燥後に磨こう

▲大きなホコリが付いた場合は、塗料が乾いてしまう前に先端の精度が高い、細いピンセットでつまんで取り除くようにしよう

▲塗料が乾いてしまったり、上から吹き重ねてしまったら1000～2000番相当の紙ヤスリで磨いて表面を均す

エアーブラシで塗装していると、いつのまにか塗装面にホコリが付いてしまうことがありますが、気にせずそのまま塗装を進めるとホコリを塗り込めてしまい、表面に凸凹ができてしまいます。塗装中は塗装面をよく見るようにし、ホコリが付いたらすぐにピンセットなどで取り除きましょう。すぐ取れなかったり、乾燥後に気付いてしまった場合には目のこまかい紙ヤスリやスポンジヤスリを使って、力を入れずやさしく磨くように均しましょう。ホコリの付着を防ぐには、なにより掃除などをしてホコリ自体を減らすことが効果的。エアーブラシは周辺にあるホコリを舞い上げるように働きますから困ります。またホコリを吸い寄せるパーツの静電気も見逃せません。塗装前はパーツを水洗いし、冬などは室内を多少加湿するとパーツに静電気が溜まりづらくなってホコリも付きづらくなります。

塗装前、ホコリをとにかく掃除機で吸う

▲組み立て工作では削りカスなどが大量に発生するので塗装前には一度掃除をし、舞ったホコリが収まったら作業を開始

ホコリが出ないキムワイプ

▲安価なティッシュペーパーは繊維や粉が大量発生するが、工業用紙製ウェス「キムワイプ」はほとんど粉が出ないスグレモノ

静電気を除去しよう!

▲静電気除去ブラシは、模型を傷めずに静電気とホコリの両方を除去してくれる便利アイテム。写真はクレオスの「Mr.静麗毛」

エアーブラシ大攻略　35

エアーブラシで金属色を塗る

■金属色をきれいに発色させるコツを紹介しよう

■金属色は粒子が湧かないように金属粉を並べる気持ちで吹く

なめらかできれいな金属色の再現は筆塗りではむずかしく、エアーブラシの独壇場でしょう。しかし、金属色はほとんどの場合、通常のソリッドカラー（色立体上で表される色。金属色や蛍光色はその中にふくまれない）より顔料の粒の大きさが大きめであることが多く、また金属光沢をよりよく再現するためフレーク状である場合もあり、塗ると溶剤が揮発するときに"湧く"ために塗面での「粒立ち」がとても目立ってしまいます。これをきれいに吹くにはコツがあります。

そのコツなのですが、簡単に言うと、顔料をなるべく均一に、かつきれいに並べること。「顔料なんて見えないよ」と思われるかもしれませんが、顔料＝塗料のミストと考えてよいので、一カ所に塗料が溜まったりガサガサになったりしないように、ソリッドカラーの「うすめの塗料でのツヤ出し塗装」と同様に作業を行ないます。

なお金属色の場合、金属に見えるような顔料と金属粉そのものを用いたものがあります。金属自体は一般の顔料と発色の原理が異なるために、厳密には顔料とは呼ばないようですが、本項に限り煩雑さを避けるために発色の素＝"顔料"という表現をしています。

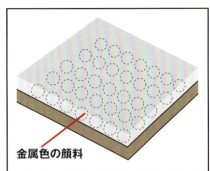

金属色の顔料

▲◀光沢のあるきれいな金属色の塗面を得るためには、なるべく表面を平滑に、そして顔料がきれいに並ぶように心がける。まずは、塗料をうすめにして表面を平滑に保つようにしよう。ツヤ消し状になってしまうときれいな光沢は出なくなってしまう。なお、下地がツヤ消しになってしまっていると、上にいくらきれいに金属色を吹き重ねてもきれいな光沢にならないので下地は極力平滑になるようにしておこう。金属色はヤスリ目などの小さな傷がちょっとあるだけでもとても目立ってしまう。金属色塗装の下地処理は、紙ヤスリやスポンジヤスリを使った水研ぎで、2000番程度まで行なっておくことをオススメしたい

▲同じところに塗料を吹き付けすぎると下の顔料が対流して顔料の粒のムラができる（これを通称「湧く」と言う）ので注意が必要だ

▲吹きつけるときは薄め（塗料1：うすめ液2程度）にし、照明を反射させて表面を確認しつつ、乾かしながら薄く均一になるように吹き重ねていく

■メタリックマスターの性能を実験する

▲ガイアノーツ製の金属色専用うすめ液「メタリックマスター」。スターブライトシルバーで試したところ、メタリックマスターで薄めたもの（写真左）のほうが通常のうすめ液を使ったもの（右）より光沢感が出て輝度が高く塗れた。これは含まれる成分により顔料が分散し、より均一な状態で定着するため

■いわゆるメタリック色には2種類ある

いわゆるメタリック色には、顔料自体が金属色のものと、上にパール塗料を重ねることで輝きを出しているものがあります。金属の地色ではなく、自動車などに見られるラメっぽいメタリックカラーを再現したい場合は、市販のパール顔料をクリアーに混入して、下地色の上にコートするときらきらしたメタリック色で塗ることができます。

◀シルバーの上にゴールドのパール＋クリアーを重ねると渋めの色味でラメ感のあるメタリックカラーになった。下地色を変えると風合いが変わっておもしろい

塗料の発色に関するはなし

■塗料どおりの色味に発色してくれないのはなぜ？

■塗ってみたらぜんぜん色が違ったということはない？

皆さんは、ビンで調色した塗料をパーツに塗ってみたら全然違う色になってしまったという経験が無いでしょうか？

これは塗料が透けることで下地の色が影響してしまっているために起こる現象です。模型用のいわゆるラッカー系塗料は、ビンに入った状態ではほとんど透けませんが、エアーブラシで薄い塗膜にするとかなり下地の色が透けて見えます。

水彩画をイメージしていただければわかると思いますが、透明水彩絵の具のように透ける塗料では、下地が白の場合、白で反射した光が透過して鮮やかに発色します。逆に下地が黒いと光をほとんど反射せず、同時に下地の黒が透けて見えてしまうため、塗料の状態で見えていた色のようにはなかなか発色しません。

というわけで下地を白にしておくと、ビンのなかにある塗料の色に近い色で塗ることができますが、問題は白が特に透けやすい色であるというところ。白はほかの塗料に比べてたくさん塗り重ねないときれいに発色しません。そして塗り重ねの手間がかかるということは、同時に塗り重ねの回数に応じて表面を平滑に保つのが難しくなるということでもあります。表面にだんだんと凸凹ができて、塗装面が汚くなってしまいがちということですね。すべてのパーツをいったん白に塗ろうとすると、このようにいろいろなデメリットが発生してしまいます。

そこでオススメしたいのが、鮮やかに塗りたい色のところの下地を「白に、塗りたい色を少量足した色」で塗っておくというテクニック。まっ白でなくなるだけで格段に隠蔽力が高くなり、下地塗装での塗り重ね回数が半分以下で済みます。サーフェイサーのうえに直接鮮やかな色を塗るより格段に発色が良くなりますよ。

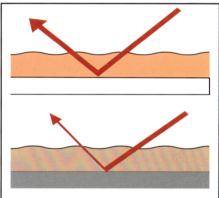

◀右はグレーのサーフェイサーの上にMr.カラーのシャインレッドを直吹きしたもので、左はサーフェイサーの上にピンクで下地塗装を施してからシャインレッドを吹いたもの。かなり鮮やかさに差が出るのがわかる

▲模型用などの塗料では、下地が黒っぽいと光の反射率が下がり、見た目の彩度が落ちる。これを逆に利用すると、下地を白にして塗料を薄めに吹くことで光の透過率を上げ、ビンの状態よりも明るく見えるように吹くことも可能だ。ちなみに金属色は一般に顔料の粒が比較的大きいので隠蔽力が高く、鮮やかな色でもあまり下地に影響を受けない場合も多いが、ツヤあり黒下地にするとより粒子がハッキリ見えるようになるので良い。

透けやすい色と透けにくい色があることを知っておこう

透けやすい

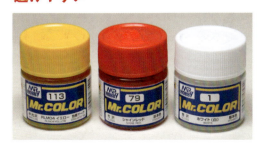

▲模型用塗料で隠蔽力が低く透けやすい色の代表が白、赤、黄の3色。とくに赤は見た目上の変化が大きく、彩度が落ちると見映えが悪くなるので注意

透けにくい

▲緑やグレーなど、顔料分の多い塗料は隠蔽力が高い。黒はすべて隠蔽力が高そうだが、ツヤありの黒は意外と隠蔽力が低く、ツヤ消しブラックは隠蔽力が高い

塗料は一見色味が違うだけのように見えますが、それぞれ大きさや特性が異なる顔料が使用されているので隠蔽力にもけっこうな差があります。Mr.カラーでいうと、クリアー色を除いてもっとも透けやすいのは調色の元になるいちばん鮮やかな色＝「色の源」。そこに調色すればするほど隠蔽力が上がり鮮やかさが落ちる傾向にあるので、調色済みのソリッドカラーも、基本的に鮮やかな色のほうが透けやすい。

白を塗る、純色を塗る

■白色は"白"らしく……は意外に難しい？

■白を上手に塗るにはどうすればいいのか？

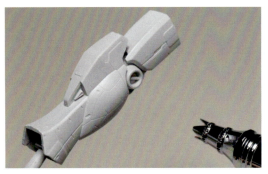

◀はじめはほとんどサーフェイサーの色と変わらないくらいでOK。いきなり白くしようとすると塗料がタレてしまいがちだ

▲軽く乾かしながら4〜5回塗り重ねたところ。薄めの塗料を塗り重ねているので、スジ彫りも埋まらずシャープに塗装できる

白は隠蔽力が低くかなり透ける色なので、いきなり発色させようと塗っていくと塗料がたれてしまいがちです。かといってあまり塗料を濃くすると表面がザラザラに……「どうすりゃいいの!?」と思われるかもしれませんが、正解は「徐々に塗り重ねる」です。はじめは色が着かず心配になるかもしれませんが、着実に塗り重ねることできれいに塗装できます。

透けるけれど薄めに……

▼白はすぐ発色するようについ濃い塗料で塗りたくなるが、逆に薄めにした塗料（塗料1：うすめ液2以上）で塗るようにしたい。塗り重ね回数が増えるので、薄めの塗料できれいに塗り重ねないと仕上がりが汚くなりがちだからだ

■狙いどおりの色にするには照明も大切な要素!!

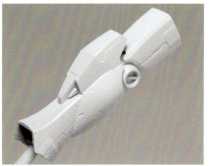

根本的な話ですが、色は物体に当たった光の反射の波長の集まり。光源の種類が変わると同じ色に塗ったパーツでも目で感じる色味が変わって見えます。写真左端は青みの強い蛍光灯、右写真は白熱灯の照明で見た状態の写真ですが、このように塗装スペースの光の具合で見える色は大きく変化します。いちばん良いのは太陽光。太陽光は人が感じる光の全波長をあまねく均等に含んだ光ですから、その下できれいに見える色で塗れば、どんな光環境下でもだいたいきれいに見えるはずです。ときどき陽の光で確認するとよいでしょう。

■均一にきれいに発色させるためには、奥まったところから色を置く

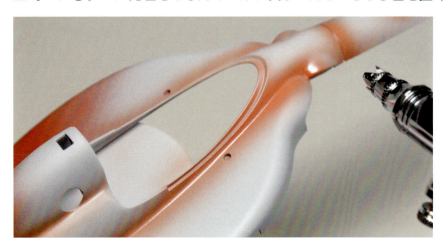

プラモデルのパーツには大小さまざまに凹凸や角隅があるのが普通です。しかしついつい広い面積の部分に目が行ってしまうのが人の常、全体を塗ってしまえば達成感もありますから、いきなり吹き付けてしまいがちです。でも一度で全体を均一に発色させようとすると、奥まったところに塗料が届かなかったり、逆に吹き過ぎで部分的に塗料が溜まってしまったりということになってしまいます。そこで奥まったところや段差の隅の部分、あるいはスジ彫り部分には先に軽く色を付けておくようにします。こうするとパーツの細密なモールドなどを塗料の膜のなかへ埋没させてしまったりせず、全体を均一に発色させやすいでしょう。この段階で塗料の飛沫が周囲に飛び散ったりした場合は、耐水ペーパーなどで再仕上げしましょう。

Third chapter
I paint with airbrush

第三章

エアーブラシで塗る

矢竹剛教氏所有　HARDER & STEENBECK「HANSA381」

エアーブラシを使いこなす

■エアーブラシ塗装をうまく行なうためには？

■「角度」と「距離」を理解しておこう

エアーブラシの構造や基本的な使い方を理解できたら、すぐにでも塗装作業に入りたいところ。でもそこはあわてずに、まずは自分の持っているハンドピースの特性を理解しておきましょう。ここではスポーツでの素振りと同様な、エアーブラシ塗装の基本テクニックを磨く方法を紹介します

吹きつけ角度

90度

◀エアーブラシ塗装では、吹き付ける角度によって色が乗っていく範囲や形状が変わります。たとえば左の写真のように90度の角度であればより狭い範囲に濃く塗ることができ、45度の角度にすると薄く広い範囲に塗装することができます。まずは自分の持っているハンドピースの吹き出し口と塗装面とが、どんな角度であればどのような範囲で色づいていくかを把握するようにしましょう。

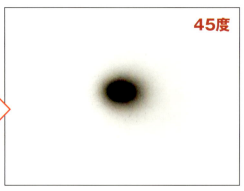

45度

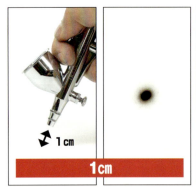
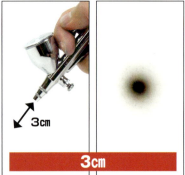

距離

1cm / 3cm / 6cm

◀吹き出し口と塗装面との距離を変えることでも、塗装される範囲と濃度は変わっていきます。同じ塗料の吹き出し量でも近ければ狭い範囲で濃く、遠ければより広い範囲を薄く塗ることができます。

■新聞紙を使ってエアーブラシの練習をしてみよう

新聞紙はかっこうの練習素材です。タイトルや見出しの大小、あるいは太かったり細かったりする文字をエアーブラシでなぞり書きしてみましょう。効果的にテクニックを向上させることができます。ただし、新聞紙は塗料の吸い込みが良すぎてにじみやすく、塗装の仕上がり具合を参考にすることはできません。あくまでエアーブラシの扱いに慣れるための練習台として考えましょう

▲ある程度慣れてきたらあまったプラ板などに練習してみましょう。プラ板に描かれた目盛りをなぞってみるのもいい練習になります

■アネスト岩田の「Lesson Text」で練習しよう

▲点を描く練習です。吹き出し量を一定に保ち、近づけたり離したりしてみよう。狙ったところに描く、おなじ大きさの点を続けて描けるようにする、など意識して

▲点を描くことに馴れたら、そのまま横に動かせば線が引ける。対象物とノズルの距離で太さを調節する。移動をピタッと止めてから吹くのをやめると端が太くなるので、タイミングを計ろう

▲まず一定のエアーを出しつつ、押しボタンをすっと引いて塗料を適量出してみる。始点と終点が濃い点にならないよう、細く（薄く）抜くかんじ

▲すこし離し気味に吹けば太く薄い線が吹けるので、四角をムラの出ないように塗りつぶしてみよう。片側を多めに重ねていけば、グラデーション塗装のイメージがつかめる

▲四角の練習でもおなじだが、エアーブラシを近づけて細い線で塗りつぶそうとしてもムラになって均一には塗れない。薄めに、何回かに分けて塗りつぶすようにしよう。グラデーションをかけて立体的にするのも良い

▼練習した塗装パターンを概観するとこんな感じ。ふたつ並んでいるうち左側は塗りが均一になっていなかったり、エアーブラシの運びがスムーズになっていなかったりする悪い例。次ページに掲載されているパターンをコピーして根気よく練習してみよう

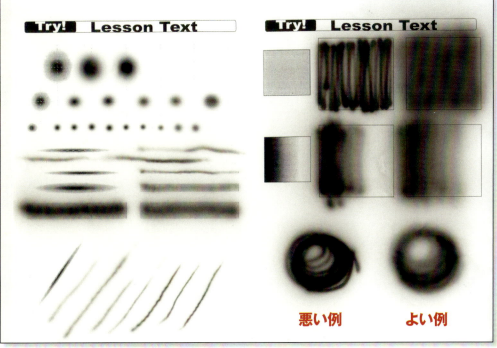

悪い例　　よい例

練習パターンは次ページに収録！コピーして使おう！

エアーブラシ大攻略　41

Try! Lesson Text

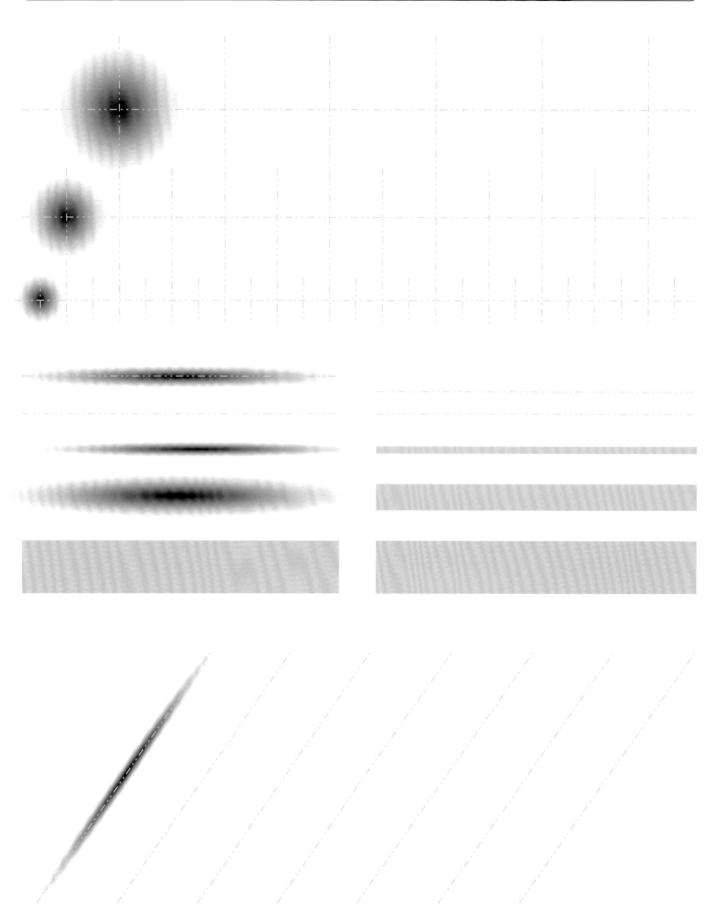

Try! Lesson Text

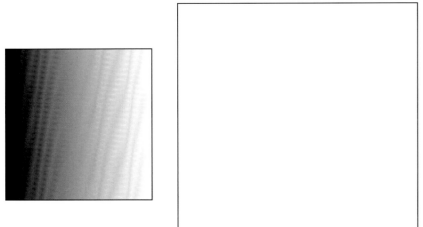

※アネスト岩田「エアーブラシ総合カタログ」より転載

イージーペインターで塗る

■調色した塗料が吹けて使い勝手もお手軽

■使い心地はエアーブラシと缶スプレーの中間

「缶スプレーから一歩前進したい」、「もっと手軽にエアーブラシ塗装がしたい」、そんな考えをお持ちの方へオススメしたいのがガイアノーツのイージーペインターです。これはエアー缶に専用の吹付け口を取り付けたもので、圧倒的手軽にスプレー塗装を行なうことができる製品なので、ハンドピースの他にコンプレッサーやホースなどを必要とするエアーブラシシステムと比べて、価格的にもスペース的にもかなり節約することができます。

吹き付ける塗料の粒はエアーブラシほどこまかくはないものの、缶スプレーと比べればかなり繊細な塗装を行うことができ、マスキングテープを使った塗り分けはもちろんのこと、条件によってはポイントを絞った部分塗装やグラデーション塗装も可能です。

そして、なんと言っても本製品の最大の強みは市販されている瓶入りの模型用塗料が使えるということです。ラッカー系塗料はもちろんのこと、アクリル系塗料やエナメル系塗料、さらにはウレタン系塗料まで、さまざまな模型用塗料に対応しており、塗装のシチュエーションを選びません。

EP-01 イージーペインター
税別（1500円）発売中
●ガイアノーツ 販ガイアノーツ

EP-02 スペアカートリッジ 税別（1600円）発売中
EP-3 イージーペインター用スペアボトル 税別（500円）発売中

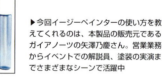

▲瓶入りの模型用塗料は、基本的な色から専用色までとにかく色数が豊富。この瓶入り塗料が使えるイージーペインターは、手軽なうえに缶スプレーにはない自由度の高さが特徴

▶今回イージーペインターの使い方を教えてくれるのは、本製品の販売元であるガイアノーツの矢澤乃慶さん。営業業務からイベントでの解説員、塗装の実演までさまざまなシーンで活躍中

■マスキング塗装やベタ塗りならこれで充分！

▲イージーペインターは手軽に模型用塗料を使った塗装が楽しめるわけですが、かと言って塗装の仕上がりもそれなり……というわけではありません。塗料とエアーの流量調整ができないため、細吹きなどは苦手ですが、大面積を塗装する場合はイージーペインターのほうが効率的に塗装することができます。0.5mm径ノズルのエアーブラシに近い使い心地です

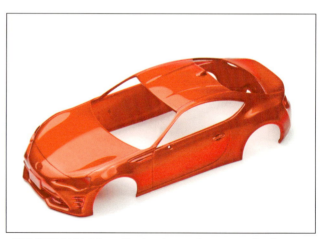

▲繊細な塗膜が求められるカーモデルであっても、イージーペインターを使えばこのとおり。調色した塗料が使えるので、色のバリエーションに不便することはありません。また、クリアー塗料はもちろん、ツヤを操作する添加剤も使用できるので、オールジャンルの模型塗装で活躍することができます

イージーペインターの使い方

■塗料とうすめ液は1：1

◀▲塗料を紙コップや調色皿に入れ、うすめ液で希釈します。割り合いは塗料1に対しうすめ液1が基本です。希釈したら付属の計量カップに塗料を移します

■ボトルに注ぎ本体に装着する

◀付属のカップにある注ぎ口から、付属のボトルに塗料を移します。塗料はボトルの7割を超えないようにしてください

■ボトルに注ぎ本体に装着する

◀塗料を入れたボトルを本体に取り付けます。ボトルの取り付けはネジ式なので、しっかりと最後まで回して緩んでいないか確認しましょう

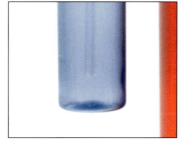

◀チューブはボトルの下まで届いていないため、最後まで塗料を使い切れませんが、じつはここがイージーペインターの優れたところ。メタリックカラーなどは金属チップが沈殿し、吸い上げる際に金属チップばかりを吸い上げてしまいますが、ここの距離を取ることによってそれを防いでいます

■ボタンを押せば塗装開始

◀塗料が入ったボトルを取り付けたら、上部のボタンを押すことで塗装が開始できます。あまり近づけすぎると塗料が垂れてしまう可能性があるので、対象物と吹き出し口の距離は15cm程度離し、スパッスパッと対象を切るように塗装します。小刻みに塗布するとエア缶が冷えにくく、継続して塗装することができるでしょう。塗装が終わったらボトルを外して洗浄を行ないます

イージーペインターの清掃方法

■まずはボトルを洗浄しよう

◀▲本体から外したボトルに入っている塗料を捨て、空いたボトルにうすめ液を注ぎ込みます。今回使っているのはガイアノーツのマイルドツールウォッシュです。通常のツールウォッシュより匂いが控えめですが、強力に塗料を落とします

◀うすめ液を入れたボトルの口をティッシュなどで塞ぎ、上下に振って中の塗料を落とします。汚れたうすめ液は捨て、再度新しいうすめ液を注いでボトルのなかを綺麗にしていきます。これを2～3回繰り返しましょう

■ボトルにうすめ液を入れて吹く

◀ボトルの中のうすめ液がきれいになったらそのうすめ液は捨てずにとっておき、次に本体側から伸びるチューブについた塗料を拭き取ります。塗料の吸い上げ口と吹き付け口に塗料が付いていたらそこも拭き取っておきます

◀最後にきれいなうすめ液が入ったボトルを本体に取り付けて、中のキレイなうすめ液をティッシュペーパーなどに吹き付けるとチューブの中が洗浄されます。最後にボトルを本体から外せば洗浄完了です

ガンダムマーカーエアブラシシステムで塗る

■手軽さでは勝るものなし

■うまく吹くには多少のコツが必要

　調色皿に塗料を出して、うすめ液で希釈。その調整した塗料をハンドピースのカップに注ぎ、コンプレッサーの電源を入れてようやく塗装が開始できます。そして、塗装が終わったら調整に使った調色皿やハンドピース全体の清掃とメンテナンス……。エアーブラシは繊細な塗装ができる反面、真の性能を発揮させるためには多くの手間がかかるものです。この手間は大面積を塗るときとほんの一部を塗るときでも大差ありません。

　ここで紹介するガンダムマーカーエアブラシシステムは、多種多様な色数を発売しているガンダムマーカーをそのまま使用することで、面倒なメンテナンスから開放してくれる超お手軽な塗装システムです。

　うまく使うには多少のコツが必要ですが、エアーブラシに負けない操作性と仕上がりを目指せるポテンシャルを秘めています。強いて難点を上げるとすれば、グラデーション塗装が難しいのと、ガンダムマーカーで発売されてる色以外が塗れないことだけです。

▲ガンダムマーカーエアブラシシステム
税別3400円　発売中
●GSIクレオス　問GSIクレオス

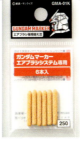

ガンダムマーカー エアブラシ専用替芯（6本入り）
税別250円　発売中
マーカー1本ごとに替え芯を用意しておくと塗装がしやすくなる

▶ガンダムマーカーエアブラシシステムは、「ガンダムマーカー 塗装用」を使用した塗装システムです。ガンダムマーカーといえば、各種ガンプラの設定色に忠実な色味を再現したペン型のアルコール系塗料で、基本的な色を単体発売しているほか、「ジオン軍6色セット」や「ガンダムSEEDベーシック6色セット」などの関連したカラーをまとめたセット販売もされています

▶ガンダムマーカーエアブラシシステムの使い方を教えてくれるのは、GSIクレオスの佐藤周太さん

■隠蔽力は良好!!

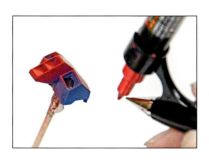

▶普段はラッカー系塗料やアクリル系塗料を使うモデラーには、アルコール系塗料と言われてもピンと来ないかもしれませんが、右の写真はHGUC 1/144 RX-78ガンダムを、「ジオン軍6色セット」から、シャアピンク、シャアレッド、ジオングレーを使ってキャスバル専用をイメージしたカラーリングに塗装したもの。地色をしっかりと抑え込んでおり、塗料としての隠蔽力の高さがおわかりいただけるでしょう

©創通・サンライズ

エアーブラシ大攻略　47

ガンダムマーカーエアブラシシステムの使い方

■まずはペン先を交換しよう

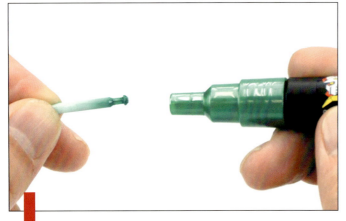

◀塗装したいマーカーのキャップを外してから芯を引き抜きます。もちろん芯は交換しなくても塗装できますが、替芯に変えることでよりミストが安定した状態で塗装が行なえるようになります

◀引き抜いた芯と同じ場所に替え芯を差し込みます。細くなっている方が先端になるように、替芯の向きに注意して奥まで差し込みましょう

■塗料をペン先に染み込ませる

◀替芯を装着したら塗料皿などに芯を押し当ててマーカー内部の塗料を染み込ませます。芯の全体が塗料の色になるまで繰り返し押し当ててください

■持ち手にマーカーを装着する

◀替芯に塗料が行き渡ったらハンドピースの筒状の部分が、写真の部分にはまるように装着します

■マーカーの位置を調整しよう

◀この状態で塗装は可能ですが、まずは紙の上などで塗料の飛び散り具合を調整しましょう。マーカーを少しずつ動かし、先端とエアーの吹き出し口との位置を変えながら塗料が最もこまかく吹ける位置を探します

◀替芯を使用しなかった場合は、位置の調整は特にシビアに。塗装対象にいきなり吹き付けるのはNGです

■吹き始めは対象の外から

◀実際に塗装を行なうときは、缶スプレーと同様に対象の外から吹き始め、対象の反対側に吹き抜けるように塗装しましょう。いきなり対象に吹き付けるとダマになった塗料が飛散る可能性があります

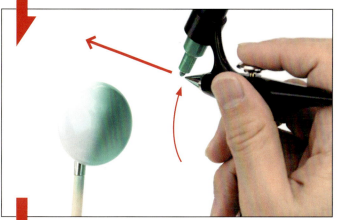

▲塗膜の仕上がりはかなりきれい。メタリックカラーでもご覧の光沢で仕上げることができます

■慣れれば塗膜もキレイに吹ける

◀▲塗面のツヤがまだらになることがありますが、完全乾燥すると均一になります。塗装が終わったらマーカーをハンドピースからはずして、キャップで閉じるだけ。洗浄のメンテナンスはありません

プロペインターの技術を学ぼう

■矢竹剛教フィギュア塗装講座
■組み立てから完成までを本人が完全解説！

　ここでは緻密な塗装を施すことで知られるプロのペインター、矢竹氏によるオリジナル作品「ミミクリー」完成までのプロセスをお見せする。その独特な、唯一無二な質感、表現を生み出している愛機は「ハンザ381」の初期型。購入後15年ほど使い続けられたもので、現行のモデルとちがいカップが本体と一体となっている。

Hansa 381 schwarz

▲長いあいだ使い込まれてむき出しになった、真鍮の地金が美しい。ドイツH&S社製、日本での取り扱いはエアテックスが行なっている

矢竹剛教さん
▲1968年生まれ、大阪在住。2003年よりACCEL名義で活動。依頼による模型彩色を主たる生業とするプロペインター、平行して原型製作も行なっている。彩色・原型共に個人およびメーカーからの依頼をこなす日々。その他の活動は模型雑誌のライターやACCEL名義での模型イベント参加など

■「ハンザ以外使う気無いです」

　私がハンドピースとしてハンザを選んだのは「レバーが上付きでトリガーアクション」なのが同機だけだったから。エアー射出から塗粒の吹出しまでが「引く」というワンアクションで済むので、長時間の使用でも疲れにくい。なによりコントロールのしやすさを感じています。またこのエアーブラシに替えただけで「塗装技術が向上した？」と感じるほど手に馴染み、それが衝撃的だったので同機がリリースされて以降ずっと使い続けています。この機構が自身の塗り方にマッチしているのもそうなんですが、質感などを含めて凄く気に入っています。ノズル口径ちがいのハンザ281と合わせて3本ほど持ってます。

　本業はペインターですが、原型製作も行なっています。イベントや通販などでキットを販売する程度ですが、その時の屋号（ディーラー名）がACCELです。本作例に使用したフィギュア『ミミクリー』は当ACCELの最新作。見た目は女性ですが「生物が擬態してこの形状になっている」ものという設定で作ってますので、一部グロい表現も施しています。洋物ガレージキットやモンスター、クリーチャーが好きな私が作るモノなので、どうしてもそんなテイスト入れたくなりますね。
（矢竹）

◀こちらはイベントにて展示されていたミミクリー。全高約17㎝。もちろん矢竹氏の塗装によるもの。GK販売イベントのほか、通販も行なっている。詳しくは矢竹氏のHPをチェックしてみよう
http://www.monkey-com.com/yatake/accel-hp/

■用意するもの

▲僭越ながら当方で製作したレジンキャスト製キット「ミミクリー」（イベント販売価格6,500円）を使っての塗装工程となります

◀自分が作業するうえで無いと困る必須アイテム、ハンブロールのマスコール、フィニッシャーズのマルチプライマー、ハンザ381と砂目吹きキャップ、モデルカステンの面相筆とドライブラシⅡ

あとで困らないよう下ごしらえ

■仮組み&バリ取り研磨、軸打ちまで

▲アルミ線で軸打ちをしておくと、ほかの金属に比べ柔らかいので少々組み合わせがずれてしまった場合でも修正がやりやすい。何種類かのサイズを常備しておくと良いだろう

◀ガイアノーツのレジンウォッシュに漬け込んだあと、クレンザーで洗浄して離型剤を落とします。2mmのアルミ線で軸打ちするのが当方のデフォルトです(パーツに大きさによっては1mmおよび0.5mmの真鍮線も併用しますが、可能な限り2mmのアルミ線を使います)。面研バリ取りは#320から始めて#400を経て、スポンジ研磨剤スーパーファインあたりで終了。組み付けてみて、完成イメージを想像し配色を考えます

■吹付塗装の準備

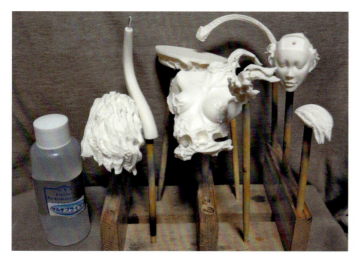

◀各パーツに持ち手となる棒をしっかり固定します。ちいさいパーツに0.5mmや1mmの軸を打った場合は爪楊枝で。マルチプライマーを吹き付けたあと、以降の作業のことを考えてツヤありクリアーを塗っておきます

■模様の下地を描く

◀例えば刺青やTATOOなどでもおなじですが、肌色を塗る前に下描きをします。理由は肌塗装をしたあとで迷いながら描くとせっかくの塗装面が汚れてしまうから。最終的に線の整理程度で済むように、この段階でデザインを決めてしまいます

エアーブラシ大攻略 51

「リアル」な肌の塗装法

■模様の剥ぎ取り・修正

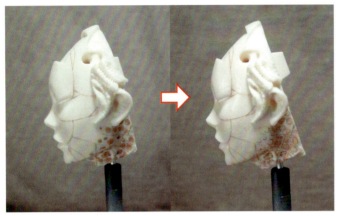

▲斑紋を描いた箇所の、稜線を残して塗料を剥ぎ取っていく。この工程を行なうことで、より自然に肌へとなじんだ斑紋が表面に現れてくる

◀デザインやラインが一発で決まるはずも無く、幾度となくやり直しをすることになります。そのために前もって汚れを呼ばないようツヤありクリアーで下地を作っておいたわけです。ライン描きはエナメル塗料で行ない、こまかい部分などはエナメルシンナーで下描きを剥ぎ取るようにして形を整えて行きます

■眼球と口の塗装

◀本作品を正面から見ると伏目で口を閉じてますが、裏面には眼球と口内のモールドがあります。自分は「奥に有るものから塗装する」主義ですので、肌を塗装する前に奥に有る目と口内を先に塗って仕上げます。フィギュアの塗りかたとしてはイレギュラーかと思いますが15年以上やってきて、もっとも自分に適した方法だと思っているのでご容赦ください。ちなみにどんなフィギュアでもこの工程を先に済ませるのはおなじです

■肌塗装1・基本色

◀サフレス塗装とは読んで字のごとく「サーフェイサーを使わない」という意味ですが、今はレジン地の透明感を生かすという意味でそう呼ばれていると思います。よって隠ぺい力の高い塗料を塗り重ねてしまったら意味がありません。

そのためこのあとに被せる塗料はすべて隠ぺい力の低い塗料になります。調色後にクリアを混合するなどして色味自体を薄くし、何層も重ねて奥行きを出していきます。

まず最初はオレンジ寄りのフレッシュをツヤ消しクリアーで薄めたモノを基本色として吹き付けます。ピンク系フレッシュでもいいのですが、このあと使う色に赤味成分が多いので基本色は黄味を含んだモノを使った方が好ましいかと。

なおサフレス塗装において色白肌の場合はこの色がいちばん明るい色となります。ハイトーンを立ち上げる塗りかたではなく、暗部を強調して立体感を持たせる塗りかたです

砂目吹き専用キャップの効果

■肌塗装2・肌ムラ①と静脈

▲ハンザほかH&S社製エアーブラシ用オプションパーツ、砂目吹き専用キャップ。取り付けるだけで安定した砂目模様を吹き付けることが可能となる

◀ダークアースのような色をクリアーで薄めたものを砂目吹きキャップを使って散らしたあと、この段階で静脈を描込みます。静脈の描込みはどの段階でもいいのですが、早すぎるとこのあとオーバーコートを重ねることによって判別し辛くなりますし、あとから描くほど目立つので、淡色による細密描きが要求されて難しくなります

◀ハンザ持ってないから砂目吹きができない！ という場合、もし高出力でエアータンク付のコンプレッサーをお持ちなら大丈夫。持っていない場合は、ハンザが無いとできない工程となります。
　レギュレーターを超低圧0.01～0.02まで絞ってみて、脈動の無い安定したエアーが供給できるコンプレッサーならば、ハンドピースのノズルキャップを外した状態で自在に砂目吹きがコントロールができます（ただしソレを可能にするコンプレッサーは私の知る限りオイルコンプレッサーくらいですが）

■肌塗装3・肌ムラ②

◀砂目吹きキャップ装換のハンザを使って、赤茶系のフレッシュをシャドウっぽく吹付けます。このときシャドウ部以外にも塗粒が飛び散ることになりますが、それがアクセントにもなりますので気にせず工程を進めてください。なおその加減ですが、塗料濃度や散らし範囲など、コレはもう経験を積んでいただくしかありません。またこの段階でさらなる色を混入するなどして、均一な状態にならないように心がけてください。思っているよりムラムラにしたほうがフィギュアの場合はパンチが出る……　くらいに考えてちょうどいいと思いますよ。ただしその上で上品に見えるのか汚くなってしまうのかの頃合いも経験を重ねるしかありません。残念ながら「トライ&エラー」を繰り返すことでしか技術は向上しないものなんですよね

●肌塗装4・肌ムラ③

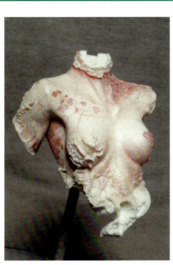

◀肌部分の最終的なアクセントはエナメル塗料のボカシにてつけていきます。フラットブラウン、クリアレッド、フラットフレッシュの混色したモノを適当に置いてはエナメルシンナーでぼかしながら調子を付けていくかんじ。綺麗に塗るのではなく、ムラを意識しながらやるとナマっぽくなります

エアーブラシ大攻略　53

最終工程、そして完成！

■肌部分の保護

◀天然ゴム系のマスキングゾルは各社から発売されていますが伸びが良く、匂いが少なく（溶剤としてアンモニア水を使うそう）、塗布した箇所がわかりやすいように色付きで、且つその色が塗面に移らない。そして比較的入手し易いモノ、となるとハンブロールの「マスコール」一択になるかと

◀肌以外の部分に塗装をするため、マスキングゾルを使ってマスキングします。こまかいところも保護するため。ゾルの塗布には獣毛などを使った上質な筆を使います。フィニッシャーズのマスクゾルクリーナーで穂先を保護してからゾルを使い、使用後はエナメルシンナーで洗浄。コレを徹底すれば使用頻度が高くても数ヶ月は筆が持ちます

■台座の塗装（「サバトラ柄」の再現法）

◀▲下地の黒を吹付けたあと、マスコールで「手書き迷路」を描くようなつもりで模様を入れます（数時間集中しっぱなしの苦行、ゾルは希釈しないでそのまま使います）。マスキング迷路が完成したらあとはグレーを吹付けるだけ。マスクを剥がせばサバトラ柄の完成です

矢竹式塗装の必殺技、「蛇紋塗装」には真綿を使う

▲▶今回は使われていないが、たびたび矢竹作品に施されている大理石調の塗装は、真綿を広げてラッカー系クリアーでコートしたものを対象のパーツに被せ、上から塗装することで表現されている

塗装方法の詳細は http://yatanet.cocolog-nifty.com/yatalog/2013/02/post-4d66.html にて

■吹き付け塗装終了、そして最後に配色変更

◀紫部分の仕上げですが、まず黒と紫の中間色を作ってツヤ消しクリアーで希釈し、キレイなグラデーションをかけるため吹付けます。ただ単に紫だけのグラデーションになるより、馴染みつつちょっとした変化をもたらす黒を挿し色に使えるのはありがたい。またこのあとの工程となるシャドウを入れるのにも使えるので、この1色で両方済ませられます

◀エアーブラシを使う作業はここまで。あとは筆による描き込みで仕上げていきます。が、作業を進めるうちに紫部分が多すぎる……と感じたので配色を変更することにしました。単にベースの有機部が黒くなっただけですが、この色に決めるまでに紆余曲折を経ています。紫の近似色であるマルーンとか、補色の黄緑などを追加してみましたが、どれもしっくり来ませんでした。結果はベース部分を暗い色でまとめることによって全体的に締まった印象になったのではないかと。また「上→下＝明→暗」という構成にすることができたので、軌道修正してよかった！

MIMICRY
ORIGINAL IMAGE BUST MODEL
#10
BY ACCEL

エアーブラシ大攻略 55

プロのエアーブラシ塗装が見たい!
ガイアノーツ矢澤のエアブラ塾

エアーブラシによるプロの塗装テクニックとはどんなものなのか。ここでは模型用塗料を扱うメーカー「ガイアノーツ」の広報にして営業マンである矢澤乃慶氏に自身の扱う塗料を使って実際に塗装を披露していただいた

使うのはこんな道具

ガイアノーツ ボトムズカラーシリーズ
今回はバンダイの1/20スコープドッグをお手本として塗装するために使用。TVシリーズで使われたセル画の色を忠実に再現したカラーシリーズ。現在第10弾まで発売中!

ガイアノーツ モデレイト溶剤
リターダーが入ったうすめ液なので塗膜が平滑になり、香料も加えられていて溶剤臭も控えめ。レベリング効果により乾燥はほんのすこし遅めですが、よりキレイな塗装面が得られます

紙コップ、調色スティック ペインティングクリップ
紙コップはサイズを各種揃えておくと使い勝手がいいです。ペインティングクリップは形状、素材がいろいろあるので、自分の作るものに合わせて使いやすいものを選びましょう

両面テープ（強力タイプ）
塗装中にパーツを下に落とそうものなら目も当てられないし、相当なストレスです。クリップで掴めないようなパーツと支持する棒のあいだは強力タイプを使ってがっちり固定します

▼すべてのパーツに400番、800番の順でヤスリをかけたあとスジ彫りを彫り直し、削りカスやホコリなどを取り除くため洗浄しておきます。塗装手順を考えて、塗装する色ごとにパーツを分けておくと便利です

塗装するプラパーツ類

使用するエアーブラシ 矢澤スペシャル（アネスト岩田 HP-CH）

◀矢澤氏愛用のエアーブラシは、アネスト岩田製「HP-CH」にエアテックス「エアコントロールアシスト」、アネスト岩田「ミニグリップフィルタ」、エアテックス「ハンドグリップフィルター」を順に接続したもの。エアーフィルターをダブルで装着しているのは、水分を完全にシャットアウトするため。あとはいっぱい付けて持ち手の部分を長くしたほうがしっかりグリップしやすいし、なんだかかっこいいから

矢澤流塗装法のキモ

エアーブラシ塗装において、塗料の濃度、エアー圧、吹き付けの距離という三つの事象がしっかり合えば一発でキレイな塗膜を作ることが可能になります。その三つを順に解説していきます

1. 塗料の濃度はちょい濃い目
エアーブラシの塗装において、使用する塗料濃度はだれもが気になる問題。薄くては色が乗らないし、濃すぎては最悪糸を吹くことになります。はたして矢澤流の「ちょい濃いめ」とは？

2. エアー圧は若干高め
こちらも塗装する対象によって調節すべしとは言われているものの、意外と我流でやっている人もおおいのでは？ 今回ロボットのような物を塗る際、矢澤氏は「圧高めで」というのです

3. 塗装対象物には近めで吹け
エアーブラシと塗装するパーツの距離も問題。明らかに砂目吹きなら遠くてもいいのですが、矢澤流は「え？ そんなに？」と思うぐらい近距離で一気に塗り上げます

1 塗料の濃度は濃い目ってどのぐらいの濃さ？

みなさんエアーブラシ塗装において「エッジに色が乗らない」「なかなか発色しない」などとお悩みではないですか？ それは塗膜が厚くなるのを避けようとして、塗料を薄めすぎているからではないでしょうか。目指す色にするために、薄めすぎた塗料を複数回吹き重ねるのと、適度な濃度で薄めた塗料を1回で塗るのとでは、果たしてどちらが塗料の性能を充分に引き出してキレイな塗膜を作っていると言えるのでしょうか？

◀白などの顔料やフラットベース、メタリックの粒子などはビンの底に沈殿しがち。均一にするために、とにかくよく混ぜます

◀ガイアカラーはおもに特色などのキャップの色と、塗料の色を合わせていますのでおなじ色になるまで丹念にかき混ぜます

◀今回はビンの塗料をそのまま調色せずに使います。濃度の調整を分かりやすく解説するため一度紙コップにすべて移しました

◀ビンのなかに入っている塗料は貼られたラベルの上のところくらいまで、と覚えておいてください

◀希釈は1：1（プラスアルファ）とします。先ほど空になったビンに溶剤を注ぎます。一回の塗装で仕上げるため、一般的な希釈より濃いめです

◀写真のところまで溶剤を注ぎます。ラベルの下のラインまでですうめ液が1、そこから写真のところまでがプラスアルファのぶんです

◀ビンに付着した塗料をそぎ落とすようにして、もう一度よく混ぜます。混ぜ残しがないよう念入りに

◀混ぜた塗料をそっと紙コップに移します。こぼさないよう気をつけて

◀さらにここでもよくかき混ぜます。調色スティックに付着した塗料をコップの内側に当ててみて、ちゃんと撹拌されているか確かめてください

◀通常のガイアカラーのエアーブラシ用希釈として推奨している濃度の割合よりも濃くなっていますが、このまま吹き付けていきます

2 エアー圧が高め、ってどの程度の圧？

エアー圧は高めに設定しておいたほうが濃度の濃い塗料やメタリックなど粒子が重くなりがちな塗料を均一に、一気に吹き付けることができます。またコンプレッサー側はエアー圧を高めのままにしても、エアーブラシの風量調節機能などを使用してエアー圧を抑えることもできるので、塗装面のコントロールがしやすくなります。

◀よくかき混ぜた塗料をエアーブラシのカップに注ぎます。ここでもこぼさないよう気をつけて

◀塗装中に吹き飛ばしてしまわないよう、強力な両面テープでがっちり固定します

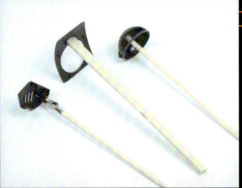

◀パーツを保持する棒は、なるべく直角に取り付けます。パーツを斜めに保持してしまうと、重力によって塗料がたれてしまったりするためです

◀今回は0.25Mpa程度の圧で吹いています一般的には高くても0.1Mpa程度とされていますが、自分はこのくらいの圧でどんな模型も塗っています。カーモデル、飛行機などの塗装面が大きなものには溶剤を増やして乾燥を遅くすることで対応しています

3 塗装対象物にはどのくらいの距離で吹くの？

エアーブラシは先端に筆がついているもの、と想像してみましょう。そうすると自然と距離感が見えてくるのではないですか。ちいさなパーツに遠くから吹き付けますか？ パーツに対する距離とエアーブラシを動かすスピード、さらに塗料の濃度がマッチすればどんな大きさの模型でもキレイな塗装面を作っていくことができます

◀塗装面を確認するために、試し吹きをしてみます。まずはエッジ部分や外周に塗料を吹き付けてみます。遠すぎた場合はザラつくので、しっとりするような距離まで近づけます

◀外周を塗ったところで内側を一気に塗りつぶします。はじめは表面が塗れていないところや波打っているところを光を当てながら確認し、ツルっとなった瞬間に吹き付けを止めると、塗料が持つつなめらかになろうとする性質によってキレイな塗装面ができあがります

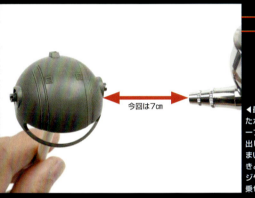

今回は7cm

◀最初はパーツについたホコリなどを、エアーブラシのエアーだけ出して吹き飛ばしてしまいましょう。試し吹きとおなじようにエッジや外周部分に塗料を乗せていきます

◀このときエッジが塗料を弾いているようなら塗料を薄めすぎです。パーツにザラザラしたところが出はじめたなら、それは塗料が濃すぎです

◀ちょうどいい濃度であることが確認できたら、一気に塗りつぶします。塗り潰すときは気持ちエアーブラシを接近させます。塗りやすい距離というのが必ずあるはずです

◀一度自分なりのキレイに塗れる基準というものを作っておくと、パーツの大小やジャンルを問わず対応できるようになります

エアーブラシのうがいする？ しない？

自分は洗浄の際カップに溶剤を注ぎ、ニードルをすこし引くことで重力によりエアーブラシ内の塗装経路のなかを洗い流してしまうことがあります。経路部分のみ洗うことができて良いのですが、みなさんはうがいも併用してしっかりと洗浄し、次の塗装時に影響が出ないようにしましょう

クリアーを吹いても大丈夫です

メタリック塗装をしたうえからクリアーって吹けるんですか？ という質問をよく受けますが、判断の目安として「置いておいたビンのなかで、上澄みとメタリック粒子で分離している塗料については塗装後も粒子が沈んでクリアーが表面にくるということ」なので、そのような塗料にはクリアーを乗せられます。ただし、いきなりのクリアー厚吹きは厳禁です

◀撹拌前の状態です。かなり黒く見えますが、底の部分からしっかり混ぜていきます

◀混ぜることにより、キャップの色とほぼおなじになりました。これだけ変わってくるので、混ぜることの重要さがお分かりいただけると思います

◀溶剤による希釈ですが、弊社製品のニードルキャップを使っていただくとこぼれにくく適量注ぐことができて便利です

◀ちいさいパーツに吹き付けるときは写真のようにパーツとエアーブラシの距離が近くなってきます

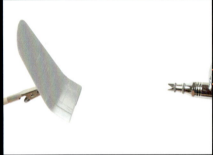

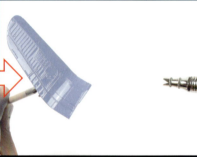

▲大きなパーツに塗る場合です。エッジ部分から色を塗りはじめて塗料の濃度、距離などを確認します

▲エッジの次はパネルライン、曲がった部分などを順に塗っていきます

▲前の状態よりエアーブラシの距離を近づけて、一気に塗ります。しっとりしたところで止めます

塗り上がったパーツです。どれもちゃんと照明を反射しているのがお分かりでしょうか。写真左下、ヘビーマシンガンのマガジンパーツは上からフラットクリアーでコートしています。フラットクリアーもほかの塗料同様にしっかりと適正な距離と濃度を保って吹き付けます

60

1/20 スコープドッグ ターボカスタム
（ザ・ラストレッドショルダー版）
BANDAI SPIRITS
インジェクションプラスチックキット
プレミアムバンダイ販売
税込8640円（現在は予約終了）
問BANDAI SPIRITS静岡相談センター
☎054-208-7520
製作／矢澤乃慶（ガイアノーツ）
©サンライズ

1/20 スコープドッグを塗装してみました。

エアー"ブラシ"なので筆のように動かしてみよう

前述のとおりエアーブラシは「エアーの出る筆」なので、筆のように動かすのが自然です。大きいパーツには大きい筆で塗るつもりで動かすと、自然と距離が離れてゆっくりとしたエアーブラシ運びになるはずです。ほそい線を描くような場合は自然と距離が近くなり、慎重な動きになると思います。そしてこの際には濃度の調整が重要となってきます。大きい面積の場合は溶剤をいつもより多めにしてパーツを包むように何度か塗るようにします。こまかい作業の場合は薄めすぎると流れてしまい、すこしでも濃いとボソボソとしてしまうので、ほどよい濃さを見つけましょう。自分なりの基準を見つけることが上達への近道です

イラスト　東京モノノケ

Fourth chapter

2018 edition airbrush catalogs

第四章

2018年版　エアーブラシ図録

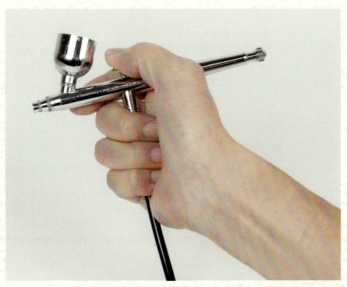

金子辰也氏所有　タミヤ「スプレーワーク HG エアーブラシ iii」

HOW TO USE AN AIRBRUSH

エアーブラシ関連器具カタログ

ハンドピース（エアーブラシ）

このカタログで紹介しているものは模型用、ホビー用として販売されている商品の一部です。性能や価格は変更が生じる場合がありますので、各メーカー等にご確認ください。
また在庫状況等は販売店にお問合せください。
カタログのデータは2018年上半期現在のものです。価格はすべて税別で表示しています。

Mr.エアブラシ カスタム0.18　GSIクレオス

PS770

- ダブルアクション
- ノズル口径：0.18mm
- カップ容量：10cc
- 30,000円（税別）

品質にこだわったGSIクレオスの最上位フラッグシップモデル。本体には耐溶剤性に優れたサチライトニッケルクロームメッキを使用。本体でエアー量を調節できるエアアジャストシステム、目盛り付きでポジション確認が容易なニードルストッパー、液だれ防止溝の入ったカップなど随所にこだわりが見られる純国産品

プロコンBOY FWAプラチナ0.2ダブルアクション　GSIクレオス

PS270

- ダブルアクション
- ノズル口径：0.2mm
- カップ容量：10cc
- 13,300円（税別）

細密な塗装に向いている。プラチナシリーズの3搭載機能は、本体でエアー量を調節するエアアジャストシステム、エアーの流れを整え低圧時から高圧時まで吹付けを安定させるエアアップ機構、ボタンを押したときに塗料の吹き出しをうながし吹きはじめの塗料噴出を安定させるセミイージーソフトボタンである

プロコンBOY LWA ダブルアクション　GSIクレオス

PS266

- ダブルアクション
- ノズル口径：0.5mm
- カップ容量：15cc
- 12,000円（税別）

口径が大きいので細かい塗装には向かないが、金属色やサーフェイサーを吹くときなどに適する（金属色は小さな口径で吹くと塗料によっては粒子が詰まってしまう場合がある）。余裕があればこのようなモデルをサーフェイサー専用として所持しておくといい。カップ容量が大きく直付けタイプなので洗浄がしやすい

プロコンBOY WAダブルアクション 0.3mm　GSIクレオス

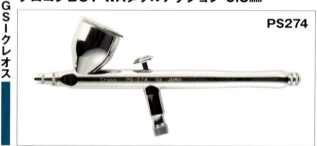

PS274

- ダブルアクション
- ノズル口径：0.3mm
- カップ容量：10cc
- 12,000円（税別）

GSIクレオスが発売するダブルアクションではもっともスタンダードなタイプ。本体に対しバルブが斜めになっているエアブラシは、比較的誰にでもしっかりと保持することが可能だ。スペアボトルが付属しているので、塗料を混色した場合などに多めに作って保管しておけば「途中で塗料が無くなった！」などというトラブルも回避できる

プロコンBOY FWAダブルアクション　GSIクレオス

PS267

- ダブルアクション
- ノズル口径：0.2mm
- カップ容量：10cc
- 11,500円（税別）

このハンドピースは模型用にとても使いやすく成熟しており、どれを買うべきか迷ったらこれで間違いはない。小口径タイプでは初の10ccカップを採用。インクスポット迷彩やこまかいグラデーション塗装にはぴったり。0.2mmの使いこなしが難しいと思ったならWAやLWAとも比べてみて、あとは好みで選ぼう

プロコンBOY WAトリガータイプ ダブルアクション　GSIクレオス

PS275

- ダブルアクショントリガー
- ノズル口径：0.3mm
- カップ容量：7cc
- 14,000円（税別）

ダブルアクショントリガー式は指先への負担が軽く作業性が良好。引き込み具合で抑揚も充分につけられる。デフォルトでは7ccカップだが着脱式で、必要に応じ別売の大容量カップ（150cc 税込5,775円）に交換可能。ドレン＆ダストキャッチャーシリーズを取りつければ持ち手が長くなり操作性が向上する

プロコンBOY WAプラチナ0.3 Ver.2 ダブルアクション

PS289

- ダブルアクション
- ノズル口径：0.3mm
- カップ容量：10cc
- 13,300円（税別）

「月刊アーマーモデリング」で活躍中の齋藤仁考使用モデル。プロコンBOYシリーズの最高級仕様。エアアジャストシステム、セミイージーソフトボタン、エアアップ機構搭載で、シリーズ中0.3mm口径の最強無敵モデル。齋藤氏いわく「きわめて安定性が高く、安心して塗っていられる」とのこと

プロコンBOY LWA トリガータイプ ダブルアクション

PS290

- ダブルアクショントリガー
- ノズル口径：0.5mm
- カップ容量：15cc
- 15,500円（税別）

指に負担の少ないトリガー式のダブルアクションタイプ。大容量カップと2種類の先端キャップが付属。通常の丸吹き用と、幅広い楕円形に吹くことができる平吹き用が付く。大口径、大容量、幅広吹き用キャップと、広面積を吹くときに活躍するモデル。エアアップ機構搭載だがプチコンには対応していないので注意

プロコンBOY SAe シングルアクション

PS265

- シングルアクション
- ノズル口径：0.3mm
- カップ容量：7cc
- 7,800円（税別）

意外に万能で使い勝手もよく価格も手ごろなハンドピース。押すだけで良いので指への負担も軽減される反面、迷彩やグラデーション塗装を施す場合には、その度に噴霧調整を本体のダイアルで行わなければならない。そのような表現にはやはりダブルアクションモデルのほうが楽なのは事実であろう。

プロコンBOY SQ シングルアクション

PS268

- ダブルアクション
- ノズル口径：0.4mm
- カップ容量：7cc
- 6,800円（税別）

低価格の入門用として充分な性能を有し、しかもクセがなくて使いやすい。上達して上位モデルを使いこなせるようになっても下地塗装用のセカンドマシンとして使用できる、長い付き合いになる可能性の高い好モデル。気持ちよくぶわーっと吹けるので、厚塗りになってしまわないよう注意！

プロコンBOY SQアルミ製軽量タイプ

PS-268AB　**PS-268AR**

- シングルアクション
- ノズル口径：0.4mm
- カップ容量：7cc
- 各7,800円（税別）

プロコンBOY SQがアルミ製になったことで従来の使いやすさのまま本体の重さは139g→73gと半分近く軽くなっている。口径が0.4mmと広めなのでサーフェイサーやメタリック用としても安定した吹き付けができる。本体色で見分けやすいので、用途ごとの専用機として使うのもいいだろう

プロスプレーベーシック

PS182

- 押しボタン式
- 吸い上げノズル：0.2/0.4mm
- ボトル容量：18cc
- 4,000円（税別）

細い線やぼかすような吹き付けは苦手だが、面を塗るには充分な性能を持っているので普通にキットを塗るところから始めるにはちょうどいい。専用ジョイントをつけることでSネジ(1/8)規格に取付可能になるので、本格的なセットへレベルアップしても使い続けられる。

プロスプレーMK-6

PS166

- 押しボタン式
- 吸い上げノズル：0.2/0.4mm
- ボトル容量：18cc
- 6,000円（税別）

付属のノズルをボトルごと交換できるので色換えや清掃も簡単。敬遠されがちなエアー缶だが、圧力が高いため広範囲にきれいに吹くことができる。ここ一番、というときに使ってみると驚くほどの塗装ができるかも

ガンダムマーカーエアブラシ

GMA01

- 押しボタン式
- 3,400円（税別）

ガンダムマーカーを差し込むだけで吹き付けができ、洗浄不要で色変えも差し替えるだけと、洗浄やメンテナンス、作業場所の確保に悩むことなく塗装ができてしまう話題のエアーブラシだ。小型の圧力が低いコンプレッサーだときれいに吹き付けにくいので、エア缶や中型以上のコンプレッサーで吹き付けるのがよいだろう

エアーブラシ大攻略　65

スプレーワーク HG エアーブラシ III

タミヤ 74532

- ダブルアクション
- ノズル口径：0.3mm
- カップ容量：7cc
- 12,800円（税別）

カップは脱着可能な取り付け式。上記機種のカップセパレートモデルと考えればいい。メインレバーなど基本仕様も上記に準ずる。いわゆる標準的なタイプはどのメーカーにもラインナップされ、いずれも性能的には申し分ない。あとは最寄りの模型店などでの入手しやすさなどで決めてしまっても問題ないはずだ

スプレーワーク HG エアーブラシ（カップ一体型）

タミヤ 74537

- ダブルアクション
- ノズル口径：0.3mm
- カップ容量：7cc
- 12,300円（税別）

カップ一体型で、掃除がやりやすい。また、カップ上部の溝は塗料のたれを防いでくれる。レバー（押しボタン）は操作がしやすいアール形状となっており、指先へのかかりがよく、手前に引くときにすべりが少ない設計。操作性もよく、タミヤの標準型ハンドピースといえるだろう

スプレーワーク HG スーパーファインエアーブラシ

タミヤ 74514

- ダブルアクション
- ノズル口径：0.2mm
- カップ容量：3cc
- 11,000円（税別）

スケールモデルメーカーとして名高い同社だけに、このモデルはスケールモデルが要求するハイエンドの性能を簡単にこなすことができる。小さめのカップながらフタ付きなのがありがたい。ヘッドまわりも軽いため、軽快なハンドリングが期待でき迷彩塗装などにも威力を発揮する

スプレーワーク HG トリガーエアーブラシ

タミヤ 74510

カップ一体型のトリガータイプも発売されている。15,500円（税別）

- ダブルアクション
- ノズル口径：0.3mm
- カップ容量：7cc
- 15,800円（税別）

下地や基本色の塗装など、同じ色を塗装し続ける際に楽なのがトリガータイプだ。指に負担がかからず、大容量の別売り塗料カップも装着できるので長時間の塗装にも向いている。また洗浄がしやすく、カップのふちに塗料のたれを防ぐ溝が切られたカップ一体型も用意されている

スプレーワーク HG エアーブラシワイド（トリガータイプ）

タミヤ 74523

- ダブルアクション
- ノズル口径：0.5mm
- カップ容量：15cc
- 16,000円（税別）

太吹き用。他のトリガータイプも同様だが、樹脂製グリップはとても握りやすく、トリガー引き込みの微妙な制御もやりやすい。ニードル保持部分にはフッ素樹脂製パッキング材を使用、トリガー部分への塗料の逆流がほとんどない。カーモデルのツヤあり塗装などにも使いやすい。別売塗料カップ（樹脂製）も付けられる

スプレーワーク・塗料カップ

タミヤ 74524

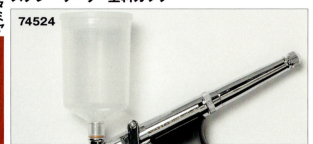

- 樹脂製、40cc
- 500円（税別）

スプレーワークシリーズのエアブラシに取り付けができる塗料カップ。樹脂製なので重心が崩れることなく、一度に広い面積の塗装に取り掛かることが可能になる。サーフェイサーやクリアーのような、一度にたくさん吹き続ける塗装時に便利だ

スプレーワーク HG シングルエアーブラシ

タミヤ 74519

- シングルアクション
- ノズル口径：0.3mm
- カップ容量：15cc
- 7,200円（税別）

缶かコンプレッサーという問題は別にして、シンプルなシングルアクション式ということもあり入門用としては敷居は低く、値段もお手ごろ。エアーカン180Dとカールタイプのホース、アダプターが付属したHGシングルエアーブラシセット（180D）というもの（9,400円、税別）もある

スプレーワーク ベーシックエアーブラシ

タミヤ 74531

- スライドアクション
- ノズル口径：0.3mm
- カップ容量：17cc
- 3,300円（税別）

ベーシックコンプレッサーセットに付属するハンドピースを単体販売したもの。塗料の吹き出し量はニードルストッパーで調整するが、スライド式という一風変わった、それでいて初心者にも見た目にわかりやすい機構となっている（というか機能的にはトリガーストッパーなのか）。握りやすい樹脂製本体に、精度や強度が必要な部分のみ金属という低価格に押さえるための工夫がなされている。形状の勝利というか、軽いわりに意外に使い勝手がよく、サーフェイサーの塗布や、ざっくりとした塗装には向いている。メンテナンスも簡単

スパーマックス エアーブラシ SX0.3D

タミヤ

74801

- ・ダブルアクション
- ・ノズル口径：0.3mm
- ・カップ容量：7cc
- ・7,800円（税別）

台湾のメーカー、スパーマックス社製造によるダブルアクション式エアブラシ。価格はリーズナブルだが基本性能は高い水準でまとめられている。塗料カップは一体型で洗浄しやすい形状となっており、金属製ボディの作りもしっかりしているので、ビギナーからベテランモデラーまで幅広くおすすめの機種

スパーマックス エアーブラシ SX0.5D

タミヤ

74802

- ・ダブルアクション
- ・ノズル口径：0.5mm
- ・カップ容量：15cc
- ・9,600円（税別）

同じくスパーマックス社製の0.5mm口径タイプでカップも15ccと大容量化。広い面積を塗装したり、メタリックやパールカラー、サフ吹きなど粒子が大きな塗料を使用する際にも重宝する機種となっている。内部のパッキンはフッ素樹脂製で溶剤にも強く、お手入れ次第で長く付き合えるだろう

タミヤバジャー 250Ⅱ エアーブラシセット

タミヤ

74404

- ・シングルアクション
- ・ノズル口径：0.6mm
- ・ボトル容量：25cc
- ・3,500円（税別）

バジャー社のエアブラシとボトル、エアーカン180D、レギュレーターにエアホースのセット。ボトル径はタミヤカラーアクリル塗料ミニと同じ。吸い上げ式シングルアクション。空気圧はレギュレーターで調整、塗料吹出量はペイントノズルを調節する。エアーカンでの使用時は火気に充分注意しよう

タミヤバジャー 350Ⅱ エアーブラシセット

タミヤ

74405

- ・シングルアクション
- ・ノズル口径：0.6mm
- ・ボトル容量：25cc
- ・6,800円（税別）

バジャー社のエアブラシとボトル、エアーカン420D、レギュレーター、カールホースのセット。吸い上げ式シングルアクションだが、250Ⅱの上位機種でボトル角度が作業に合わせて変更できる。缶に取りつけたレギュレーターで空気圧を調整し、吸い上げ口のフリュードキャップで塗料の噴霧量をコントロールする

スーパーエアブラシ アドバンス

WAVE

HT-111

- ●ダブルアクション
- ●ノズル口径：0.3mm
- ●カップ容量：10cc
- ●12,800円（税別）

ハイクオリティな製品で知られる、マックスファクトリー塗装部制式採用品。「広い面積の吹きつけから極細吹きまで、これ一本で対応できるのが魅力です。特に肌色塗装などでシャバシャバの塗料を『風量を絞りながらの極細吹き』で薄く重ねていくようなときや、逆エッジ部分の吹き付け時に重宝しています。」

スーパーエアブラシ アドバンス02

WAVE

HT-161

- ・ダブルアクション
- ・ノズル口径：0.2mm
- ・カップ容量：10cc
- ・13,500円（税別）

エアブラシ本体で風量が調節できるエアマチックシステムに加え、ソフトスライドボタンという新機構が取り入れられている。現行のWAVEハイエンドモデル。口径が細いうえに風量調節もできるのでより精密な塗装表現が可能。直付けカップだから、手入れが容易となる。テールキャップの形状が独特なデザイン

スーパーエアブラシ スタンダード[軽量アルミボディ]

WAVE

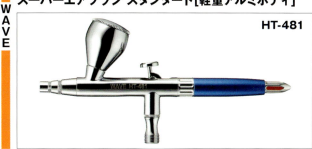

HT-481

- ・ダブルアクション
- ・ノズル口径：0.3mm
- ・カップ容量：2/7cc（交換式）
- ・9,500円（税別）

ボディにアルミを使い軽量化されたWAVEエアブラシシリーズのうち、もっとも標準的なモデル。オプションとして本体に装着したまま塗料を入れて調色し、そのまま塗装することができる樹脂製の「特殊調色カップ」が付属しており、グラデーション塗装などを行なう際などには非常に便利だ

スーパーエアブラシ・ジュニア2

WAVE

HT-431

- ・ダブルアクション
- ・ノズル口径：0.3mm
- ・カップ容量：7cc
- ・7,200円（税別）

外見はよくある0.3mmのエアーブラシだが、内部構造に特徴があり塗料カップ内部の空間が大きくなより通常より清掃が行ないやすくなっている。ノズルの大きさも通常より一回り大きくなっており、分解した際のねじ切れや、紛失防止などに役立っている。初心者からベテランまで長く使い続けられる万能モデルだ

エアーブラシ大攻略　67

スーパーエアブラシ コンパクト[軽量アルミボディ]

WAVE

HT-391

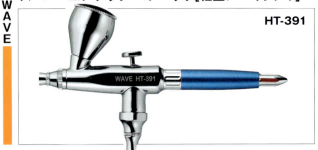

- ダブルアクション
- ノズル口径：0.3mm
- カップ容量：2/7cc（交換式）
- 8,500円（税別）

軽量ボディのコンパクトタイプ。後部が短くなっているため重心が中央に来ており、本体自体も少し太めで手のちいさな人でも握りやすい形状となっている。しかも軽量なので長時間の作業も楽にこなせる。押しボタンからノズルまでの距離もほかの機種に比べ短いので、より直観的な操作が行なえる

インフィニティ

エアテックス

2200

- ●ダブルアクション
- ●ノズル口径：0.15mm
- ●カップ容量：2cc
- ●35,000円（税別）

ドイツHARDER&STEENBECK社製。ノズル口径0.15mmで驚異の超極細吹きができる高級機種。別売オプションでノズルは0.2mm、0.4mmにワンタッチで交換可能、カップも5cc、15cc、50ccがある。位置を合わせたまま最大幅まで瞬時に解放可能なニードル調節ダイヤルなど、使える機能が満載されているぞ

スーパーエアブラシ トリガータイプ[軽量アルミボディ]

WAVE

HT-241

- ダブルアクション
- ノズル口径：0.3mm
- カップ容量：2/7cc（交換式）
- 12,000円（税別）

長時間の作業でも指が疲れないトリガータイプ。重くなりがちなトリガータイプだがアルミ製で軽量なのでその効果は倍増だ。塗料カップは大小2種類、ニードルカバーはフラットと穴空きタイプの二種類が付属。「トリガータイプなんて……」と敬遠しているモデラーにもぜひ使ってみてほしい一本

コラーニ

エアテックス

2400

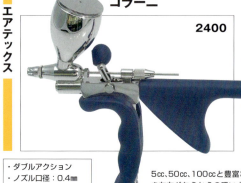

- ダブルアクション
- ノズル口径：0.4mm
- カップ容量：15cc
- 35,000円（税別）

あのルイジ・コラーニが設計したという人間工学に基づく手に優しいデザインが斬新。一般的なハンドピースとは異なる感触のため使いこなすのには慣れが必要かもしれない。別売でノズル口径0.2mm、0.6mm、0.8mm、1.0mm、1.2mm、カップも2cc、5cc、50cc、100ccと豊富なオプションで変更でき左右どちらからの吸い上げ方式にも対応する。またメインレバーは左右どちらの利き手用にも対応するよう調整可能というコラーニらしい機種

スーパーエアブラシ トリガータイプ05[軽量アルミボディ]

WAVE

HT-441

- ダブルアクション
- ノズル口径：0.5mm
- カップ容量：7/15cc
- 13,000円（税別）

上記トリガータイプの0.5mm口径タイプ。粒子の大きいメタリック塗料や粘度の高い塗料を安定して吹き付けることができる。0.3mmで出にくいと感じるようなら0.5mmを使うことでその差を実感できるだろう。トリガー部の色で見分けやすく別売の軽量塗料カップにも対応しているなど、細かな気遣いが感じられるモデル

エボリューションALplus

エアテックス

2300-AL

- ダブルアクション
- ノズル口径：0.2mm
- カップ容量：2cc
- 28,800円（税別）

アルミ製で本体重量がわずか56gという驚異の超軽量エアブラシ。インフィニティにも付属している角形ノズルキャップは余計なエアーを逃がしてくれるため、かなり近距離に近づけても精密な塗装をすることができる。（定規でも使える！）ノズルベースセットの購入により0.4mmにノズル口径を変更できる

スーパーエアブラシ EZ500

WAVE

HT-141

- シングルアクション
- ノズル口径：0.3mm
- カップ容量：1cc
- 6,800円（税別）

シングルアクションタイプでノズル口径0.3mm、カップ容量は1cc。全金属製ながら小型軽量化されており、後部が短いので手のちいさな人にも持ちやすく非常に取り回しがしやすい。サブ機として、また廉価なので同社のエアマチックジョイントセットなどと組み合わせて好みのエアブラシに仕上げるのも良いだろう

エボリューションA

エアテックス

2300-A

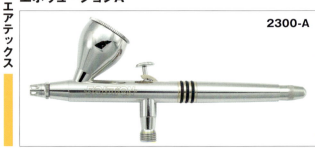

- ダブルアクション
- ノズル口径：0.4mm
- カップ容量：5cc
- 18,500円（税別）

ノズル口径0.4mmでオールマイティに扱える、モデラー向け仕様といえる機種。特にニードルアジャスターは調節後、テールキャップを押し込むことにより設定した状態のままON／OFFが可能で、これは非常に便利な機能だ。別売りのノズルベースセットを購入すれば0.15、0.2、0.6mmにノズル口径を変更できる

エボリューションSOLO

2300-S

- ダブルアクション
- ノズル口径：0.2㎜
- カップ容量：2cc
- 18,700円（税別）

エボリューションシリーズ中、細吹きの用途におすすめの機種。ボディ中央部に滑り止めOリングが装着されており、精密な作業時にもしっかりホールドできて安心だ。別売りでカップとノズル口径が別サイズに交換可能。ノズルは工具を使わずに取り外すことができ、分解洗浄も楽で簡単

ハンザ381 BLACK

381B

- トリガーアクション
- ノズル口径：0.3㎜
- カップ容量：5cc
- 21,500円（税別）

上部のボタンでトリガーアクション（押さずに引くだけ）、という独創的なエアーブラシ。別売りのノズルベースセットとノズルを購入すれば0.2～0.4㎜のあいだでノズル口径を交換できるほか、塗料カップもサイズ交換可能。さらにオプションとして「砂目吹きノズルキャップ」が用意されている

XP825 Premium

XP-825P

- ダブルアクション
- ノズル口径：0.3㎜
- カップ容量：7cc
- 12,500円（税別）

細吹きを得意とするハンドピース。先端内部のエア排出口が4つになり、力強く繊細に吹き付けることができるようになった。メモリー機能付きのアジャスターやくぼみのある押しボタン等、より使いやすくするこだわりが見える1本だ。0.2mpaが出せるコンプレッサーでないと本来の力を出し切れないので注意

XP725 Premium

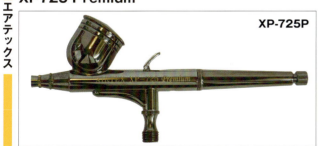

XP-725P

- ダブルアクション
- ノズル口径：0.3㎜
- カップ容量：7cc
- 9,500円（税別）

エアレバ対応モデル。スタンダードなモデルとして人気だった「XP-725」がリニューアル。これまでの性能を残したまま押しボタンにくぼみがつきより指になじみやすい形状となった。premiumシリーズの特徴として外装のメッキがクロームメッキになり、重厚感のある色合いになっている

MJ-722

MJ-722

- ダブルアクション
- ノズル口径：0.2㎜
- カップ容量：2cc
- 6,800円（税別）

エアレバ対応モデル。小さめのカップなので視界を遮らず細かい部分や小さなパーツへの吹き付けがやりやすくなっている。カップが小さいため一度に吹き付けられる量は限られるが0.2㎜ということもあり、充分に吹き付けが行える。様々な色を変えながら吹くなら洗浄もしやすいのでオススメできる

MJ-726

MJ-726

- ダブルアクション
- ノズル口径：0.3㎜
- カップ容量：7cc
- 9,000円（税別）

エアレバ対応モデル。性能はほぼ「xp-725」と同じであるがコチラはサイドカップ仕様となっている。カップの角度を変えられるので通常のハンドピースでは吹けない角度での塗装ができる。また右手で持った場合、対象までの視界にカップが入らないためよりコントロールしやすくなっている

エアレバ

ATL

- 樹脂製
- 880円（税別）

国際特許出願中の新機構を実現した押しボタン。ダブルアクションタイプの押しボタンと交換することで、「押しながら引く」動作が「倒す」というワンアクションで可能となる。なお、エアレバ対応のエアーブラシには従来型の押しボタンとエアレバの両方が付属する

ビューティ4＋（プラス）0.2㎜

XP-B4A

- ダブルアクション
- ノズル口径：0.2㎜
- カップ容量：2cc
- 9,000円（税別）

アルミ製ボディで軽量、カラーは全5色。このほか口径0.3㎜/カップ7cc（9,500円、税別）、口径0.5㎜/カップ15cc（1万円、税別）の計3種ラインナップされている。0.2～0.7㎜のノズルが別売（各1,500円、税別）され、専用ノズルベースセット（各2,900円、税別）とともに購入すればカスタム可能

ビューティー 4+ トリガー　XP-B4T

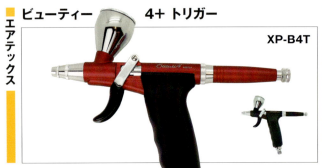

- ダブルアクション
- ノズル口径：0.3mm
- カップ容量：7/15cc（交換式）
- 15,000円（税別）

上記ビューティー4+のトリガータイプ。パッション（赤）とナイト（黒）の全2色。もちろんアルミ製ボディで、同等機種との重量差は約70gと軽く作られている。7ccと15ccのカップが同梱されているので対象物に合わせて交換すると良いだろう。ノズルベースセットの購入で0.2、0.5mmに口径変更できる

セルフィー　XP-SEL

- アクセルアクション（フリーアクション、ダブルアクション切替可能）
- ノズル口径：0.2mm
- カップ容量：2cc
- 15,000円（税別）

これまでの概念を覆す、ペン型フォルムのエアーブラシ。本体はアルミ製、グリップエンドにホースを接続して使用する。ペンで書くような感覚で作業でき、レバーは押すというより倒すような感覚なので指に負担がかかりにくい

MJ-116

- ダブルアクション
- ノズル口径：0.2mm
- カップ容量：7/15cc
- 14,400円（税別）

細かいところへの吹き付けができる0.2mm口径のトリガータイプの組み合わせ。トリガーは広くベタっと塗る印象が強いかもしれないが、トリガータイプの方が手振れが少なく疲れにくいので塗装に集中できるというユーザーも多い。ただ握るのではなく中指と薬指でレバーを挟み込むと細かい微調整がやりやすい

XP-735+

- ダブルアクション
- ノズル口径：0.35mm
- カップ容量：7/15cc
- 14,400円（税別）

上記製品の0.35mmモデル。0.3mmでは詰まりやすいが同等の吹き心地が欲しい、というときに必要となるタイプ。サイドカップ式で角度調整可能、天に向けて吹き付けることもできるので模型に限らず大きなものを塗りたいときに便利。トリガーとして無駄の少ないスタンダードなエアーブラシだ

XP-7

- シングルアクション
- ノズル口径：0.3mm
- カップ容量：5cc
- 6,700円（税別）

小さめのハンドピースになるので普通のダブルアクションだと大きすぎるという方にはオススメ。シングルアクションなのでダブルアクションほど細かい動作は向いていないが片手で空気と塗料どちらも調整することができなくはない。価格がダブルアクションと比べ廉価なので2本目として採用するのもよいだろう

MJ-130

- ダブルアクション
- ノズル口径：0.3mm
- ボトル容量：22cc
- 10,300円（税別）

吸い上げ式モデル。安価な吸い上げ式タイプとは違い内部の機構に吸い込むので仕上がりは普通のハンドピースと同等となる。別売りのボトルを用意しておけばボトルを差し替えるだけで色変えが簡単に行なえるのでよく使う色は吸い上げ式で吹くのもよいだろう

KIDS-102

- シングルアクション
- ノズル口径：1.0mm
- ボトル容量：22cc
- 2,100円（税別）

通常のハンドピースよりも安価なシングルアクション方式で吸い上げ式のエアーブラシ。付属しているホースは同梱のジョイントを使うことで通常のSネジに変更することができる。構造がシンプルで細かい微調整ができないが洗浄はしやすいのでメタリックやラメ系の塗料用として使用するのもよいだろう

KIDS-105

トリガー式でパーツ交換不可という仕様なので、ノズル、カップともにサイズの変更はできない。5mmのネジとエアホースが付属、コンプレッサーと接続することができる。まさに「エアーブラシのはじめの一歩」というような内容。300mlのエア缶付きセット（4,000円、税別）もある

- ダブルアクション
- ノズル口径：0.3mm
- カップ容量：22cc
- 3,400円（税別）

■ CM-CP2

アネスト岩田

- ダブルアクション
- ノズル口径：0.23mm
- カップ容量：7cc
- オープン価格

アネスト岩田が世界に誇る純国産の最高級エアーブラシ。技術の粋を集めて作られたノズルヘッドシステムにより、空気の流れを最適な状態に整えて低圧でも塗料を微粒化、高精度に狙ったところへ思い通りに吹き付けることができる。とにかく塗りやすく、かつ精細な塗装ができる最強の一本と言えよう

■ CM-B2

アネスト岩田

- ダブルアクション
- ノズル口径：0.18mm
- カップ容量：1.5cc
- オープン価格

上記製品の0.18mmモデル。カスタムマイクロンシリーズは吹き付けの繊細さもさることながらすべてのパーツに職人のこだわりが出ている。重心バランス、持ち手、握りやすさ、0.18mmという繊細な線の表現を快適なストロークで理想の線を引く、至極の一本だ

■ HP-BH

アネスト岩田

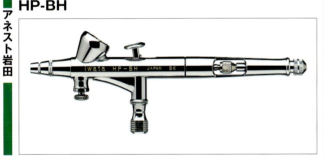

- ダブルアクション
- ノズル口径：0.2mm
- カップ容量：1.5cc
- オープン価格

0.2mmの細吹きモデル。コチラでも充分にきれいな吹き付けができる。カップ下にある調節ねじで流量を調整することでただ塗るだけにとどまらない様々な表現が可能になる。小さなフィギュアやパーツを塗ることが多いなら最初から0.2mmのハンドピースというのも選択肢になるだろう

■ HP-CH

アネスト岩田

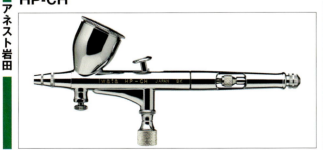

- ダブルアクション
- ノズル口径：0.3mm
- カップ容量：7cc
- オープン価格

こちらも純国産の高級モデル。塗装をするためのすべての機能において高い次元でまとめられており、最高のスタンダードモデルと言えよう。空気調節ツマミなど、うまく塗るために必要となる機構は全部入っており、これだけあればほとんどすべての塗装に対応できる、文句なしのおすすめ機種だ

■ HP-CP

アネスト岩田

- ダブルアクション
- ノズル口径：0.3mm
- カップ容量：7cc
- オープン価格

アネスト岩田製エアーブラシのラインナップ中、定番シリーズと位置づけられている「ハイパフォーマンスプラス」シリーズのダブルアクションタイプ。塗料噴出量の調整を行なうプリセットハンドルを搭載、素直で使いやすい初心者から上級者までが使いこなせるスペックのモデルだ

■ HP-CS

アネスト岩田

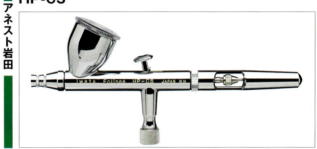

- ダブルアクション
- ノズル口径：0.3mm
- カップ容量：7cc
- 15,000円（税別）

ノズルにドロップインノズルと呼ばれるはめ込み式のノズルを採用しているため、分解洗浄が非常に容易となっているほか、このノズルは一般的なものよりも塗料経路が大きいので高い粘度の塗料でも吹くことが可能となっている。別売りのノズル部品を購入すれば、0.5mmへノズル口径を変更することができる

■ HP-CR

アネスト岩田

- ダブルアクション
- ノズル口径：0.3mm
- カップ容量：7cc
- 11,000円（税別）

使いやすく、価格も手ごろな「レボリューション」シリーズの国産ダブルアクションタイプ。ボタンオシニードルチャックを装備。これまでのエアブラシではボタン押しとニードルチャックのふたつに分かれていた部品で、これを合体させることにより分解組み立て、洗浄が容易となるというもの

■ HP-CN

アネスト岩田

- ダブルアクション
- ノズル口径：0.35mm
- カップ容量：1.5/7cc（交換式）
- 8,600円（税別）

コストパフォーマンスの良い、ビギナー向け「ネオ」シリーズのダブルアクションタイプ。容量の異なる2種類の塗料カップが付属しており、用途によって交換することが可能となっている。0.35mmというノズル口径は細すぎず太すぎず、塗装する対象を選ばずに活躍してくれるだろう

エアーブラシ大攻略　71

HP-TH
アネスト岩田

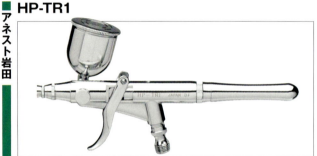

- トリガーアクション
- ノズル口径：0.5mm
- カップ容量：15cc
- オープン価格

国産「ハイライン」シリーズのトリガータイプ。ノズルキャップが丸吹き用と平吹き用の二種類付属しており、用途に応じて付け替えることが可能となっている。0.5mmというノズル口径と相まって、大面積の塗装やプライマーやサフ吹きなどの場面で気持ちよく吹き付けることができるぞ

HP-TR1
アネスト岩田

- トリガーアクション
- ノズル口径：0.3mm
- カップ容量：7cc
- 19,000円（税別）

こちらは国産「レボリューション」シリーズのトリガータイプ。サイドカップ式なので塗料カップを左右どちらにも取り付けられ、上下の角度も自由に変えられるので、左利きの人にも楽に使える。ノズル口径0.2mmのHP-TR（15,500円、税別）も同時に販売されている

HP-G3
アネスト岩田

見た目はスプレーガン、中身はエアーブラシという非常に珍しいモデル。スプレーガンの人間工学に基づいた持ちやすさと堅牢さ、エアブラシの繊細性を兼ねそろえているだけでなく、丸吹きだけでなく平吹きもできてしまうという、いたせりつくせりな機種だ

- ガンタイプ
- ノズル口径：0.3mm
- カップ容量：130cc
- 40,000円（税別）

HP-BC1P
アネスト岩田

- ダブルアクション
- ノズル口径：0.3mm
- ボトル容量：20cc
- オープン価格

標準的な0.3mm口径の吸い上げ式モデル。ボトルはガラス製なので溶剤で洗っても問題なく塗料も残りにくい。後部には塗料調節ができるプリセットハンドルがついているので微調整も簡単に行なえる。広範囲の吹き付けにも安心

HP-BCS
アネスト岩田

- ダブルアクション
- ノズル口径：0.5mm
- ボトル容量：30cc
- 13,500円（税別）

HP-CSの口径0.5mmが吸い上げ式となったモデル。ボトルが30ccと大容量となっている。こちらもノズル、ニードル、ノズルキャップをそれぞれ交換することで口径を変換することができる。HP-CSが同シリーズになるので、それぞれ入れ替えるだけでも0.3mmと0.5mmを変えられるので使いやすいタイプを探してみよう

HP-SAR
アネスト岩田

- シングルアクション
- ノズル口径：0.5mm
- ボトル容量：30cc
- 11,000円（税別）

HP-CRと同様にお求めやすいレボリューションシリーズの吸い上げ式モデル。コチラはエクリプスシリーズと違い、ほかの機種との互換性はないので注意。ノズル口径0.5mmなので広範囲にしっかりと吹付けることができる

HP-M2
アネスト岩田

- シングルアクション
- ノズル口径：0.4mm
- カップ容量：7cc
- 11,000円（税別）

0.4mm口径のシングルアクション。シングルアクションは内部構造がシンプルなため、分解洗浄が行ないやすいので塗装した後もダブルアクションと比較して割と楽に洗浄が行なえる。そのため粒子の大きいメタリックやラメ系、粘度の高い塗料などの塗装におすすめ

イージーペインター EP-01
ガイアノーツ

単体価格
・1,500円（税別）

自分で調色した塗料を簡単にスプレー塗装できてしまう画期的な商品。缶スプレー塗料よりもこまかい粒子で通常色からメタリック色まで、驚くほどきれいに吹き付けることができる。付属のボトルに、ガイアカラーであれば塗料1に対して溶剤1～1.5くらいの割合で薄めたものを入れ、そのまま取り付ければ準備完了。色替えも別売りのボトル（2本／500円、税別）を用意しておけば取り替えるだけで済むのでスムーズに行なえる。構造もシンプルで、洗浄などのお手入れも簡単だ

コンプレッサー

このカタログで紹介しているものは模型用、ホビー用として販売されている商品の一部です。性能や価格は変更が生じる場合がありますので、各メーカー等にご確認ください。
また在庫状況等は販売店にお問合せください。
カタログのデータは2018年上半期現在のものです。価格はすべて税別で表示しています。

■ Mr.コンプレッサー プチコン・キュート
GSIクレオス　PS371

単体価格
・10,000円（税別）

新設計のダイヤフラムユニットを搭載したコンプレッサー。寸法は長さ140×幅83×高さ50mmとコンパクトなボディで吐出空気量3ℓ／分、定格圧力0.03MPaと、模型製作に使える性能を持っている。低価格なのもいいところ。ただし、エア圧の関係から0.5mm口径のトリガータイプエアブラシは使用できないので大型模型の製作には向かない。作動音50db以下と静かで本体重量はわずか290gと軽量

■ Mr.リニアコンプレッサー L5
GSIクレオス　PS251

・単体価格
31,000円（税別）

GSIクレオスの標準普及型にしてベストセラーモデル。基本性能が高く、吐出空気量は5.27ℓ／min. 0.05MPa。価格はお手ごろで静粛性も高く（作動音50db）、どんなシチュエーションにも対応可能な性能を持ち、普通に模型を作るならまったく不便はない。連続使用も可能だ。吐出口サイズはPS（細）で1/8（S）用ジョイント付。本体寸法は長さ160×幅120×高さ160mm、本体重量2.4kg

■ スプレーワーク ベーシックコンプレッサーセット（エアーブラシ付）
タミヤ　74520

セット価格
・10,800円（税別）

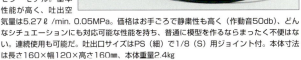

静かな作動音のコンプレッサーに、付属ハンドピースのノズル口径は0.3mm。慣れれば幅2mmぐらいの細線も吹ける。また、電源は充電式のタミヤ7.2Vバッテリーパック各種（別売）、または専用のACアダプター（別売）を使用。こちらもコンプレッサーとハンドピースをつなぐ透明ホースが付属しているので、ここに水滴が確認できた場合はすぐにカラ吹きをして水抜きしよう

■ Mr.リニアコンプレッサー L7
GSIクレオス　PS254

・単体価格
38,000円（税別）

L5の上位機種。風量に余裕があり、静粛性も高い。エアフィルターが埋め込み式になり、パワーはあってもコンパクトで、長さ170×幅142×高さ185mmとL5よりひとまわり大きいくらい。また、振動もかなり少ない。吐出空気量は7.0ℓ／min. 0.05MPa、定格時間は連続、作動音55db（無負荷時）となる。吐出口サイズはPS（細）で1/8（S）用ジョイント付。本体重量は2.9kg

■ スプレーワーク HGコンプレッサーレボⅡ
タミヤ　74542

単体価格
・21,800円（税別）

樹脂製軽量ボディのコンパクト設計ながら最高圧力約0.11Mpa、風吐出空気量は上位機種並みの20ℓ／minを誇る。特殊構造のモーターにより空気に脈動が出づらくなっているところも高ポイント。もともと作動音は56dbの静音設計だが、さらに防振マットが付属しているので夜間の作業でも安心。エアフィルターは付属していないが、1.2mの透明ホースが付属しているので水分の発生もすぐに確認できて安心。エアブラシホルダーも3種付属

■ Mr.リニアコンプレッサープチコン クロプチ
GSIクレオス　PS-351KP

単体価格
・15,500円（税別）

手のひらサイズのコンプレッサーで、手軽に準備ができるのが魅力だ。持ち運び安い軽さなのでベランダのような屋外での吹き付けもやりやすい。L5などと比較すると若干低圧なので、0.4mm以上のエアーブラシになってくると空気量不足を感じるが、それ以下のエアーブラシであれば充分な性能だ。作動音もより静音性の高い物となっているので、夜ゆっくりとエアーブラシ塗装を楽しむには最適なコンプレッサーだ

■ スプレーワーク パワーコンプレッサー
タミヤ　74553

単体価格
・34,800円（税別）

大口径のエアーブラシでも吹き続けられる余裕パワーも魅力だが、特徴的なのはエアーブラシハンガー型の電源スイッチ。エアーブラシをかけている間は自動で電源がOFFになり、持ち上げるとONになるというもので、コンプレッサーの電源の切り忘れや、連続稼働による熱を抑えてくれる。水取り機能付きレギュレーターもついてくるので圧力の微調整もでき、これ一台とエアーブラシがあればそれだけで塗装環境が整うのは魅力的

エアーブラシ大攻略　73

スプレーワーク コンパクトコンプレッサー
タミヤ 74533

単体価格
・8,600円（税別）

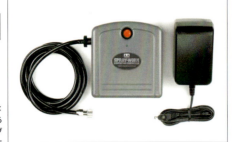

長さ100×幅105×高さ55mmと手のひらサイズで、ＡＣアダプターと1.5mのホースも同梱されている。連続空気圧力は約0.07MPa、吐出空気量3ℓ／分。ちょっとした塗装やこまかい迷彩などには充分な性能といえるだろう。低価格なので、サブ機として、入門用として適している。同社HGシリーズが接続できる。ベーシックエアブラシを使用するときには別売の接続ジョイント（460円、税別）が必要だ

ウェーブ・コンプレッサー 218[ツインフィルター]
WAVE LT-027

単体価格
・22,800円（税別）

コンプレッサー218にレギュレーターを追加したモデル。エアータンクは必要ないが水取りが欲しい場合はこちらがオススメ。水取りフィルターが2個もついてくる。レギュレーターが本体に取り付けられているので設置する場所に悩まなくてよく、あいだを繋ぐホースは透明なので水滴が発生したら見て分かるようになっている

スプレーワーク コンプレッサーアドバンス
タミヤ 74559

単体価格
・22,800円

シンプルな形状の小型コンプレッサー。コンプレッサーとして充分な性能を持っており、特徴的なのはセンサー式電源スイッチと出力調整ダイヤル。エアーブラシを背部のスタンドに差し込むことで、センサーにより自動的に電源がオフになる。本体上部のダイヤルで空気の出力を調整することができるので、よりイメージ通りの吹き付けが実現可能になるだろう

APC-001R2
エアテックス APC001R2

単体価格
・22,000円（税別）

名機と呼ばれた「APC-001R」のリニューアルモデル。ピストン方式による高く安定した圧力による空気供給と頑強なボディを持ち、規格はSネジとなっているので必要にあわせて追加の水取りやジョイントなど、各塗装環境に合わせることができる柔軟性も持ち合わせている。圧力の強いコンプレッサーが欲しいなら、まずはこのコンプレッサーを選んでみよう

ウェーブ・コンプレッサー 317
WAVE

単体価格
・19,800円（税別）

コンプレッサー217に、エアレギュレーター、エアー出力アップなどの機能を追加し、カラーリングと一部デザインをリファインしたモデル。空気吐出量は17ℓ／分、連続使用圧力は0.22MPa。特徴は、エアブラシからエアを出すときにはON、出さないときにはOFFというように、使用する時にだけ自動的に作動する自動圧力スイッチ。ピストン方式につきものの騒音や振動が解消されるので、落ち着いて作業をすすめることができる

APC002D
エアテックス

単体価格
・37,800円（税別）

単気筒のコンプレッサーに2.5ℓエアータンク、エアフィルターとレギュレーターを標準装備したモデル。最高圧力は約0.55Mpa、空気吐出量20ℓ／min。同社タンク付コンプレッサーのなかではスタンダードで、買い替え需要いちばん人気とのこと

ウェーブ・コンプレッサー 218[エアタンク付]
WAVE LT-029

単体価格
・34,800円（税別）

コンプレッサー218にハンドルレバー型のエアータンクがついたモデル。タンクにエアーを貯める事で安定した空気の供給ができるようになり、空気の脈動も抑えられるので、より繊細なグラデーションや均一な塗装が簡単に行なえるようになっている。本体を中心として重心が取れているので持ち運びもしやすく、タンクで本体を囲うような形状となっているため衝撃に弱い接続部も保護されており安心だ

APC005D
エアテックス

単体価格
・29,800円（税別）

二気筒式でハイパワー。エアブラシ連動オートスイッチ付で、使用状況にあわせて自動でスイッチを切り替えてくれるため長時間に渡る作業でも安心。連続運転時の動作音も意外と静かだ。最高圧力約0.55Mpa、最大空気吹出量は業界屈指の40ℓ／minを実現、0.6mmなどノズル口径の大きなエアブラシでも楽に扱える。大型模型の製作などハードワークにも充分耐える性能を誇る

APC006D
エアテックス

単体価格
・45,800円（税別）

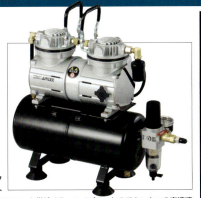

上記APC005Dのエアータンク標準装備仕様。容量3.5リットルのタンクによりさらに安定したエアーを供給する。ハイパワーなのでタンクへの充填速度も早く、結果として脈動が無くなるため塗膜の均一化に役立つ。さらには騒音に悩まされることが無いので長時間の作業でもストレス無く続けることができるようになる。エアフィルターとレギュレーターを標準装備

APC018
エアテックス

単体価格
・26,800円（税別）

コンプレッサー本体の構造はAPC002Dとおなじものでタンクは付属していない。スチールカバー仕様となっており、ホコリや衝撃から本体を守ってくれるほか、静音にもひと役買っている。。エアフィルターとレギュレーター搭載、ボディはホワイトとブラックの二色展開なので、自分のお部屋に合わせて選べる

minimoホワイト
エアテックス

APC-010

単体価格
・21,800円（税別）

白く丸くかわいらしい、コンプレッサーらしくないコンプレッサー。内部にはリニア方式のモーターが入っているので作動音も小さく耐久性も高い。机の上においても振動が気にならないので、手軽に塗装が楽しめる。本体の上に差し込めるエアーブラシホルダーもついているので、あとはエアーブラシがあればすぐに塗装を楽しめる

Angel&Arrow II
エアテックス

APC013-H

セット価格
・9,500円（税別）

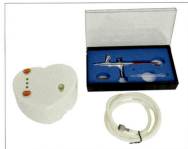

0.2mm口径のエアーブラシとコンプレッサーがセットになった。入門に適したお得なモデル。ハート型という可愛らしいコンプレッサーだが、パワーも充分にあるので普通に模型も難なく塗れる。別売りのバッテリーパックを使えばコードレス化も可能。エアーブラシはSネジ規格なので、後々ステップアップしていったあとも使い続けることができる

ecomo
エアテックス

APC014

単体価格
・12,000円（税別）

メイク用のコンプレッサーとして開発されており、低圧ながらも脈動の少ない安定した空気を供給してくれる。幅150mmという手のひらサイズで311gと非常に軽い本体でDC電源を採用、持ち運びや海外での使用にも適している

エアブラシワークセット メテオ
エアテックス

APC015-M

セット価格
・10,500円（税別）

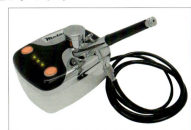

0.3mm口径のダブルアクションエアブラシとコンプレッサーがセットになった、はじめてエアブラシを買ってみようという初心者にもおすすめな製品。コンプレッサーは定格圧力0.2Mpa、作動音50db。本体のスイッチにより空気吹出量は3段階に変更でき、その状況をランプで確認することができるので視覚的にも分かりやすい。一般的なエアブラシ本体程度の価格でコンプレッサーが買えてしまうというのは非常に魅力的だ。余った予算でエアフィルターなどを追加してやればなお良いだろう

SPiCA（スピカ）
エアテックス

APC019

単体価格
・15,000円（税別）

通常時に使用する電源コードのほか、外付け式のバッテリーパックとバッテリーアダプタが付属、エアブラシホルダーを標準装備した小型卓上型コンプレッサー。空気量調節ボタンの操作により、3段階に空気量を調節することができる。最大圧力0.2Mpa、吹出空気量約11.5ℓ／minで、模型塗装から細密画などにも使用できる。

ワンダー
エアテックス

APC021

単体価格
・15,800円（税別）

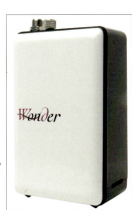

バッテリー内蔵式小型コンプレッサー。電源の無いところでも塗装が可能となる。LEDライトにより電池残量が確認できるほか、もちろん付属のACアダプターを接続した状態での使用もできる。4時間充電で約40分の使用が可能（使用環境により稼働時間は前後する場合があります）。ちなみに横のパネルは着せ替えできるので、カスタムしてみるのも良いだろう

エアーブラシ大攻略

Air-K
APC023

エアテックス

単体価格
・18,500円（税別）

軽量(272g)低振動を実現した小型ピストン式コンプレッサー。その秘密は内部にピストンモーターが4つも入っており、そのおかげで深夜でも使える静音設計となっている。オートスイッチも付いており、主電源を入れたままでも止まってくれるので静かすぎて消し忘れた、などということもなく安心。付属しているホースが非常に柔らかく、取り回しやすいものとなっているのもおススメポイント

IS-925

アネスト岩田

単体価格
・50,500円（税別）

二気筒式で同時に二本のエアブラシを使用することも可能なハイパワーコンプレッサー。しかしその作動音は55db以下という静かさだ。オートON／OFF機能標準装備、レギュレーター、除湿フィルタ、エアブラシホルダーが本体と一体化されており、余裕のパワーと合わせて非常に扱いやすい仕上がりとなっている。サイズは310×156×260㎜と非常にコンパクトで置き場所にも困らないサイズ。単気筒式のIS-850（35,000円、税別）も発売中

IS-925HT

アネスト岩田

単体価格
・60,000円（税別）

◀IS-925HT

IS-875HT▶

ハンドル状の部分がタンクとなっているため、静粛性とエアーの安定性にすぐれている。二気筒のIS-925HTと単気筒のIS-875HT（48,000円、税別）の二機種があり、どちらも高風量のため別売りのバルブジョイントを追加すればエアブラシ二本を同時に稼働させられる。タンクが付属しているので塗装時の脈動もほとんど気にならず、静音性も向上するので夜間の作業にも安心して使用できる。レギュレータ、除湿フィルタ、エアブラシホルダーが付属する

IS-800J

アネスト岩田

単体価格
・26,500円（税別）

スタンダードなピストン式コンプレッサー。常時運転式となっており、オートスイッチはついていないが、その都度電源をオン・オフすれば問題はない。レギュレーターは付属しておらず、水滴の発生や脈動を抑えるためにコイル式ホースを採用しており、連続使用をしても大丈夫なようになっている

IS-850

アネスト岩田

単体価格
・31,500円（税別）

IS-800Jに自動でオン・オフする圧力スイッチとレギュレーターが付属し、常時運転ではなくなった。その分は価格に反映されているが、手持ちの機材などとの必要に合わせて選ぼう。パワーは充分にあるので最近増えてきた粘度のある塗料などもしっかりと吹き付けできる

IS-51

アネスト岩田

単体価格
・22,000円（税別）

小型で取っ手付きなので持ち運びやすく、見た目もお洒落なコンプレッサー。同社の他機種と比べるとパワーは劣るが、模型の塗装には充分だ。圧力調整可能で、スパイラルタイプのホースが付属。メーター横の穴がエアーブラシホルダーになっているので、別途ホルダーを用意しなくてよいのも魅力

エアー缶
コンプレッサーなんて高嶺の花、という人には必需品のエアー缶。じつはきれいに塗れます

Mr.エアー スーパー 420
83102

GSIクレオス

単体価格
・800円（税別）

ガンダムマーカーエアブラシやプロスプレーを使用するのに最適

スプレーワーク エアーカン420D/180D

タミヤ

単体価格
・800円（税別）　・600円（税別）

別売りのホース付きアタッチメントを使用してエアーブラシと接続しよう

エアカン AP500

エアテックス

単体価格
・1,500円（税別）

最大圧力0.6Mpa、0.2～0.4㎜までのノズル口径のエアーブラシに最適

EP-02 スペアカートリッジ
83102

ガイアノーツ

単体価格
・1,600円（税別）

二本入りなので、使用時に冷えて圧力が下がったら取り替えて使えるぞ

ドレーン（水抜き）レギュレーターフィルターその他

ドレン&ダストキャッチャー
GSIクレオス
PS282
単体価格
・3,000円（税別）

湿度が高くなると、レギュレーターをつけていてもエアホース内に水滴が発生する場合がある。これは圧力や体積の変化によって、わずかに残っている水分が空気中に気体でいられなくなって徐々に溜まってくるから。そんなときのために、エアブラシの下部に接続して、ホース内に結露した水滴がエアブラシ内に入るのを防ぐ効果がある

ドレン&ダストキャッチャーⅡ エア調節機能付き
GSIクレオス
PS288
単体価格
・3,600円（税別）

上記商品のアップグレード版で、風量調節機能がついており、他機種でも手元でエアー量の微調整ができるようになる。プロコンBOYプラチナシリーズ以外のハンドピース・ユーザーはこちらを検討してみてもいいかもしれない。また、トリガータイプに取りつければ持ち手が長くなって、安定性や持ちやすさがアップする

ドレン&ダストキャッチャーⅡライト エアー調節機能付
GSIクレオス
PS388
単体価格
・4,200円（税別）

上記商品の本体がアルミ製になったもので、51.3g→30.0gに軽量化されている。長時間の作業になるほど重さが気になってくるので、既に通常版を使用中でも新しく検討してみる価値はある。特にトリガータイプのエアブラシだと本体自体の重量があるため、アルミ製の物のほうが使いやすいと感じるだろう

Mr.エアーレギュレーター MkⅠ
GSIクレオス
PS253
単体価格
・2,800円（税別）

減圧、分岐、水抜き機能と三拍子そろっている。水の混入は一発で致命的な失敗を引き起こしてしまうので、もしあなたのコンプレッサーに水抜きが付いていなければ、迷わずこれをオススメする。同社プチコン、L5専用となっており、L7だとキャパシティをオーバーしてしまうため使用することはできない。

Mr.エアーレギュレーター MkⅢ（圧力計付）
GSIクレオス
PS259
単体価格
・6,800円（税別）

圧力計が付いており、微妙なエアー圧の調整が可能になっている。もっとも塗装法や製作物にもよるので圧力計の存在は絶対的というわけではないが、細吹きで塗装、迷彩やグラデーションなどの表現を目指すなら、あったほうがいい。リニアコンプレッサーのL7を使っている人には必需品

Mr.エアーレギュレーター MkⅣ 直付けタイプ
GSIクレオス
PS234
単体価格
・6,800円（税別）

上記と同一商品で減圧、水抜き、分岐用のレギュレーター。直付けのホルダーはL5、L7専用のもので、キャリングハンドルにひっかけて固定される。単体でL5、L7を持っている場合にはこれを購入すればいいが、新規に同社のL5、L7購入を考えている人はセット販売品を選ぶのもいいだろう

Mr.エアーホース用Mr.ジョイント（3点セット）
GSIクレオス
PS241
単体価格
・1,200円（税別）

プロスプレーシリーズやガンダムマーカーエアブラシのホース（PS細）を主流のホース（Sネジ1/8）に合わせることができるジョイント。エア缶ではなく、コンプレッサーに接続したいときに必要になる。逆にSネジのエアブラシを細いホース（PS細）に取り付けたい場合にも付属しているジョイントで変換することができる

エアーブラシ用フィルター
タミヤ
74555
単体価格
・1,900円（税別）

クリアカラーの簡易フィルター。内部が見えるので、水分の発生が分かりやすい。バルブを押すだけで内部に溜まった水分を排出することができるので、作業中でも手を煩わせることなく行なえる。湿気の多い時期や高圧のコンプレッサーを使うなら必須アイテムだ

エアー調節バルブ
タミヤ
74552
単体価格
・1,500円（税別）

エアーを直接外部に逃がすことでエアー量を調整できるバルブパーツ。細部への吹き付けや入り組んだパーツへの吹き付けの際に吹き返しが気になるときに、空気を逃がすことによって抑えることができる

エアーブラシ用3連ジョイント
タミヤ
74546
単体価格
・1,800円（税別）

エアブラシを3本までつないだままにできる。同時に吹くには相応のパワーが必要になるが、それぞれ個別に使うなら問題ない。使用していないところは蓋をすることで空気を止められるので、2本しかなくても持っていると便利

コンプレッサー用防振マット
タミヤ
74554
単体価格
・580円（税別）

中型以上のコンプレッサーの下に敷くことにより、振動や共振を抑えることができる。マンションや2階に塗装環境があると階下に響かないか心配になることがあるが、これがあれば安心だ

エアマチックジョイントセット
HT027 — WAVE

単体価格
・2,600円（税別）

コンプレッサーではなく、エアブラシ本体側で風量調節ができるエアマチックシステムを、エアブラシ側に後付けするためのツール。エアブラシ側のジョイントはワンタッチで取り外しができるので、塗装中の交換も簡単

水取りセット1
AHB-1 — エアテックス

セット価格
・11,300円（税別）

水取りフィルターの付いたレギュレーターに、エアブラシホルダーが付いたセット。いつも自分の手の近くにあるエアブラシホルダーで水抜きができるのはありがたい。この構成ならばレギュレーターに必ず目が行くので、水分の発生にすぐ気づくことができ、水関係の失敗を減らせる

3連ホースジョイント[アルミ製]
HJ-035-A — エアテックス

単体価格
・4,900円（税別）

ホースを3本まで分岐できるジョイント。それぞれにバルブがついており、使用してないバルブは閉めておくほか空気量をおおまかに調整することもできるので、それぞれに専用の用途を持たせるのもよいだろう

HGクイックチェンジ・ジョイントセット
HT-246 — WAVE

単体価格
・1,500円（税別）

エアーブラシを複数本使う際、にそれぞれにジョイントを取り付けておけば簡単に交換が行なえる。1セットにつきプラグが2つまで付いているので、3本目以降は別売の2個入りプラグ（750円（税別））を買おう

エアコントロールアシスト
ACA — エアテックス

単体価格
・1,800円（税別）

エアブラシとホースのあいだに装着、微細なところまでの空気量調節が手元でできる便利なアタッチメント。持つところが増えるので、エアブラシをホールドしやすくなるという効果もある。下記の同社ハンドグリップフィルターと組み合わせて使えばさらに快適な塗装作業が行なえるだろう

レギュレータ HPA-R
アネスト岩田

単体価格
・5,400円（税別）

水取り機能の無いシンプルなレギュレーター。場所を取らないので、見やすいところに取り付ければ吹き付けしている時の圧力が数値で見ることができる。圧力によるさらなる表現を追求することができるぞ

HGエアレギュレーター2
HT-029 — WAVE

単体価格
・6,800円（税別）

同社のエアブラシハンガーに取り付けができる水取機能付きレギュレーター。入口出口どちらもSネジ規格となっているのでホースがあれば直ぐに水取りが行なえる。雨の日や湿気の多い季節、川沿いなどにお住いのユーザーには必須のアイテムだ

ハンドグリップフィルター
HGF — エアテックス

単体価格
・3,700円（税別）

ハンドピースに直接接続する水分除去フィルター。小型のコンプレッサーでちょっと作業するときに最適。高分過性能の中空糸膜が本体で空気中の水分、ホコリを除去。また、ハンドピース・グリップ部のエクステンダーにもなる。ネジサイズはSネジ（1/8）に対応。排水はホース側から行なう

フィルタレギュレータ HPA-FR2
アネスト岩田

単体価格
・8,800円（税別）

水取り機能と8/11のネジがついたレギュレーター。メーターが上を向くように取り付けられているので机などに取り付けた際にメーターが見やすくなっている。それぞれ特徴があるので、自分の塗装環境と相談して選択、組み合わせよう

エアレギュレーター MAFR-200
MAFR200 — エアテックス

単体価格
・9,800円（税別）

上記商品の単体販売品。レギュレーター本体のみなので、ホルダーや接続用のホースがない場合には上のものを購入した方が良いだろう。簡易版的なものを持っていて、さらに本格的なものを、というような場合にちょうど良い。Lサイズネジにも対応できる「S-Lチェンジネジ」2個付属

エアストッカー ホーリー
AS-H — エアテックス

単体価格
・13,500円（税別）

レギュレーターと圧力ゲージが付属する、容量2.5ℓの外付けエアータンク。コンプレッサーに接続すれば、脈動の軽減のほか空気中の水分やホコリを取り除く効果も期待できる。2本対応のエアーブラシホルダーも付いている

HPA-PBS3
アネスト岩田

・容量：28ml
セット価格（3本）
・4,200円（税別）

同社の吸い上げ式エアーブラシ、HP-BCS、HP-BCR、HP-SARに対応した樹脂製の交換用ボトルカップ。あらかじめ塗料を入れて蓋をしておけばすぐに使えるので、大量に塗装する際にはとても便利

トリガーグリップ
アネスト岩田　HPA-TG

単体価格
・4,800円（税別）

同社のトリガータイプであるHP-TH、HP-TR1に取り付けが可能なグリップとエアバルブエクステンションのセット。グリップ性が増し握りやすいので長時間の作業になっても疲れにくくなるほか、取り回しもしやすくなる。HP-THユーザーにはぜひ使ってほしいオプションだ

ミニグリップフィルタ
アネスト岩田　HPA-MGF

単体価格
・3,600円（税別）

エアーブラシとホースのあいだに接続するグリップタイプ。ホースに侵入したホコリや水分を効果的に除去してくれる。内部が見えるので水分などがどれだけ貯まったか見やすく、ドレン抜きの弁も付いているので排出も楽。すでにエアフィルターを持っているひとにもおすすめできるアタッチメントだ

HPA-TNK35
アネスト岩田

単体価格
・14,500円（税別）

コンプレッサーに追加するだけでタンク付モデルと同様に扱えるようになる外付型エアータンク。大容量の3.5ℓとなっている。レギュレーター機能は持っていないのでコンプレッサーとレギュレーターの間に挟ませるとよいだろう

ブリードバルブ
アネスト岩田　HPA-BV2

単体価格
・1,800円（税別）

樹脂製の空気調整ネジで基本的には空気調整ネジが非搭載のモデルに使うのがオススメだが、二重に付けて微調整を行なうのも良いだろう。樹脂製なので本体の重さがあまり変わらないのもポイント

クイックジョイント
アネスト岩田　HPA-QJ

単体価格
・2,200円（税別）

ワンタッチでホースとエアブラシを取り外せるようになるジョイント。洗浄の際などに外したりする手間がなくなるほか、ホースのねじれも抑えてくれる効果があり、エアーブラシを複数持ちしていない場合でも持っていれば充分にメリットがあるぞ

5連バルブジョイント
アネスト岩田　HPA-VJ5

単体価格
・12,000円（税別）

こちらは5本同時に繋げるジョイント。複数本のエアーブラシを持っているなら、サフ吹き用、メタリック色用などと用途ごとに設定したエアーブラシを繋げておけば非常にスムーズな塗装作業ができるだろう。入口1／4メス、出口1／4オス×5

おまけ　分解清掃のポイント
ダブルアクションタイプの場合

●分解清掃って毎回必要なことですか？

エアーブラシ使用後の洗浄は、本書にもある通りの基本的な方法で行なっていれば問題ありません。しかし長く使用していると塗料ノズルの内側やニードル、ニードルキャップ、ノズルキャップに洗浄しきれなかった汚れが溜まっていきます。なので使用頻度にもよりますが、定期的に分解清掃すると良いでしょう。

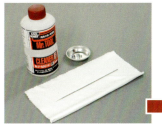
▲塗料ノズルは製品に付属している専用レンチを使って外し、紛失しないようニードルキャップ、ノズルキャップと塗料皿などに入れておく。ニードルは後部キャップを外し、ニードルチャックネジを緩めれば引き抜くことができるが、その際に先端を曲げてしまうことがないよう注意

▲塗料皿のなかにツールクリーナーを注ぎ、部品をピンセットで摘んで筆で優しく洗浄する。強く摘み過ぎて、部品を弾いてしまわないよう注意する。塗料ノズル内側の汚れは吹き心地と密に関わる部分なので、特に念入りに洗っておこう

▲ウェスやキッチンペーパーなどにツールクリーナーを染み込ませ、ニードル周りの汚れを拭き取る。ティッシュは毛羽立ちが多く、埃が残りやすいので、なるべく使用を避ける。ニードルの先端を曲げてしまうとまっすぐに塗料が噴射できなくなるので要注意

▲すべての部品清掃が完了したら、次は組み立て。まずは専用レンチを使用して塗料ノズルを取り付ける。締め込みが緩いと塗料が漏れる原因になるのでしっかりと締めなければならないが、強く締め過ぎると根元から破損してしまう恐れもあるので慎重に

▲ノズルキャップ、ニードルキャップを取り付ける。この作業より先にニードルを組み付けてしまうと部品がニードルの先端に触れ、曲げてしまう可能性があるので注意。エアーが逆流してうがい状態にならないよう、ノズルキャップはしっかり締める

▲次にニードルチャック部からニードルを本体にゆっくりと挿入する。この作業の際にもニードルの先端を曲げてしまわないよう、くれぐれも注意を払おう。またニードルの先端が塗料ノズルにしっかりと収まっていることを確認しておく

▲最後にニードルチャックネジを締めてニードルを固定する。ニードルチャックネジがしっかりと締まっていないと押しボタンを前後させてもニードルが連動せず、塗料が出なくなってしまうので注意する。最後にキャップを取り付ければ組み立て完了！

エアーブラシ大攻略
2018 改訂版

■スタッフ STAFF

モデルグラフィックス編集部／編

模型＆編集協力
矢澤乃慶／矢竹剛教／近藤恭太

協力
アネスト岩田株式会社
アネスト岩田コーティングソリューションズ株式会社
アルゴファイルジャパン株式会社
株式会社ウェーブ
株式会社エアテックス
ガイアノーツ株式会社
株式会社 GSI クレオス
株式会社タミヤ

撮影
株式会社インタニヤ

カバーイラスト
白根ゆたんぽ

装丁
海老原剛志

DTP・デザイン
小野寺 徹／梶川義彦

■各商品についてのお問い合わせ

アネスト岩田　エアーブラシ担当窓口	☎ 0120-917-144
アルゴファイルジャパン	☎ 03-3233-1133
ウェーブ　お客様サポート	☎ 0422-20-8616
エアテックス　大阪本社	☎ 06-6543-2500
ガイアノーツ	☎ 048-456-6851
GSI クレオス　お客様相談室	☎ 03-5211-1844
タミヤ　カスタマーサービス	☎ 054-283-0003（静岡）
	☎ 03-3899-3765（東京・静岡へ自動転送）

エアーブラシ大攻略　2018 改訂版

発行日　2018 年 10 月 21 日　初版第 1 刷

発行人　小川光二
発行所　株式会社 大日本絵画
〒 101-0054　東京都千代田区神田錦町 1 丁目 7 番地
URL; http://www.kaiga.co.jp

編集人　市村 弘
企画／編集　株式会社 アートボックス
〒 101-0054　東京都千代田区神田錦町 1 丁目 7 番地
錦町一丁目ビル 4 階
URL; http://www.modelkasten.com/

印刷／製本　大日本印刷株式会社

内容に関するお問い合わせ先：　03（6820）7000　（株）アートボックス
販売に関するお問い合わせ先：　03（3294）7861　（株）大日本絵画

Publisher/Dainippon Kaiga Co., Ltd.
Kanda Nishiki-cho 1-7, Chiyoda-ku, Tokyo 101-0054 Japan
Phone 03-3294-7861
Dainippon Kaiga URL; http://www.kaiga.co.jp
Editor/Artbox Co., Ltd.
Nishiki-cho 1-chome bldg., 4th Floor, Kanda
Nishiki-cho 1-7, Chiyoda-ku, Tokyo 101-0054 Japan
Phone 03-6820-7000
Artbox URL; http://www.modelkasten.com/

© 株式会社 大日本絵画　本誌掲載の写真、図版、イラストレーションおよび記事等の無断転載を禁じます。
定価はカバーに表示してあります。
ISBN978-4-499-23248-7

© サンライズ
© 創通・サンライズ